Andrea Marcolongo
Warum Altgriechisch genial ist

Andrea Marcolongo

Warμm
Λltgriechisch
genial ist

*Eine Liebeserklärung an die Sprache,
mit der alles begann*

Übersetzung aus dem Italienischen
von Andreas Thomsen

PIPER

Mehr über unsere Autoren und Bücher:
www.piper.de

MIX
Papier aus verantwortungsvollen Quellen
FSC® C014496

ISBN 978-3-492-05879-7
Deutsche Erstausgabe
© 2016, Gius. Laterza & Figli
mit Unterstützung von Maria Cristina Olati
Titel der italienischen Originalausgabe: »La lingua geniale«,
bei Editori Laterza, Bari/Rom, 2016
© Piper Verlag GmbH, München, 2018
Umschlaggestaltung: Büro Jorge Schmidt, München
Umschlagabbildung: iStockphoto und Archiv Büro Jorge Schmidt
Satz: Kösel Media GmbH, Krugzell
Gesetzt aus der Granjon
Litho: Lorenz & Zeller, Inning am Ammersee
Druck und Bindung: GGP Media GmbH, Pößneck
Printed in Germany

*Für Livorno,
für Sarajevo,
für mich*

Inhalt

Vorwort 9

Einführung 14

Wann, jemals, niemals. Der Aspekt 26

Das Schweigen des Altgriechischen. Klänge, Akzente, Spiritus 67

Drei Geschlechter, drei Numeri 93

Die Fälle oder ein geordnetes Durcheinander der Wörter 126

Ein Modus namens *Wunsch*. Der Optativ 154

Und wie übersetzt man nun? 182

Das Altgriechische und wir. Eine Geschichte 214

Bibliografie 260
Dank 263
Anmerkungen und Textnachweise 266

Vorwort

Keine Geschichte ist einzigartig und ausschließlich persönlich, denn in jeder Geschichte sind andere verborgen, die sie zu einer Art Gemeingut machen, sie mit der Welt und folglich auch mit der Literatur verbinden. Ebenso verhält es sich mit der Geschichte dieses Buches.

Warum Altgriechisch genial ist ins Deutsche übersetzt zu sehen ist für mich wie ein Wunder und versetzt mich noch immer in Erstaunen, wenn ich an die Monate im Frühling 2016 zurückdenke, als ich daran schrieb. Meine Verbindung zum Piper Verlag begann bereits damals, denn es war ein Buch von Piper, das ich in den Händen hielt, während ich begann, mein erstes eigenes zu verfassen.

Ich stand kurz vor meinem dreißigsten Geburtstag und las allabendlich in dem erstmals von Piper im Jahr 1961 veröffentlichten Meisterwerk Ingeborg Bachmanns *Das dreißigste Jahr*. Es war vor allem ein Absatz, den ich immer wieder in mein Notizbuch schrieb und mir in Erinnerung rief:

»Nie hatte er einen Augenblick befürchtet, daß der Vorhang, wie jetzt, aufgehen könne vor seinem dreißigsten Jahr, daß das Stichwort fallen könne für ihn, und er zeigen müsse eines Tages, was er wirklich zu denken und zu tun vermochte, und daß er eingestehen müsse, worauf es ihm wirklich ankomme. Nie hat er gedacht, dass von tausendundeiner Möglichkeit vielleicht schon tausend Möglichkeiten vertan und versäumt waren – oder daß er sie hatte versäumen müssen, weil nur eine für ihn galt.«¹

Heute bin ich einunddreißig und weiß, dass von den tausend Möglichkeiten nur eine einzige für mich bestimmt war, nämlich endlich Schriftstellerin zu werden und die Geschichte meiner größten Liebe zu erzählen. Der Liebe zum Altgriechischen.
    Niemals hätte ich gedacht, dass diese Geschichte einmal bei Piper erscheinen würde.

»Übersetzen« bedeutet, den Leser an die Hand zu nehmen und ihn über seine eigene Gedankenwelt hinaus- und durch eine unbekannte Sprache hindurchzuführen, um den Zauber der fremden Worte zu entschleiern und sie Wirklichkeit werden zu lassen.
    Darum empfinde ich es als wahrhaft magisch, meine eigenen italienischen Worte über das Altgriechische, das Virginia Woolf 1905 *The Magic Language* nannte, nun im Gewand einer anderen, der deutschen Sprache zu sehen.
    Es ist, als hätte die einzigartige Weltsicht der antiken Griechen – ihre besondere Art, mit der Zeit umzugehen, Wünsche auszudrücken, von der Liebe

zu sprechen, oder ihre Fähigkeit, mithilfe der Sprache Geschlechterschranken zu überwinden – eine weitere Reise angetreten, die sie dieses Mal durch Deutschland führt.

Auch dank des Deutschen, das bis heute vier Fälle und das Neutrum bewahrt, setzt das Altgriechische seinen Weg wie einst Odysseus fort. Es ist nun schon über zweitausend Jahre unterwegs und kann noch immer etwas beitragen zur Suche nach dem *Zuhause unserer Worte,* das wir heute so oft nicht mehr finden: unser sprachliches Ithaka.

Kein Reisender kommt ans Ziel, ohne sich mit der Vielfalt auseinanderzusetzen, die ihm unterwegs begegnet. Und obwohl es dem Deutschen in mancherlei Hinsicht recht nahesteht, unterscheidet sich das Altgriechische dennoch ganz wesentlich von allen anderen Sprachen dieser Welt. Darum übt es auch eine so große Anziehungskraft auf uns aus, wie eine Liebe, die wir nie gelebt, aber stets herbeigesehnt haben.

Es spielt keine Rolle, ob ihr Altgriechisch könnt oder nicht. Dieses Buch ist allen Menschen gewidmet, die nach Worten suchen, um sich selbst in der Gegenwart zu verorten. Es ist also kein herkömmliches Handbuch und enthält auch keine von oben herab erteilten Lektionen. Es ist vielmehr eine *Syntax der Seele,* vermittelt durch eine sehr alte und zugleich zeitlos moderne Sprache.

Mit diesem Buch ist das Altgriechische, das ich immer geliebt habe, zu mir zurückgekehrt. Und nun kehrt es auch zu euch, den Lesern zurück, in eure Art zu denken, in eure Worte und täglichen Gesten. Es kommt zurück und war eigentlich niemals wirklich fort, denn *klassisch* bedeutet nicht *antik,* klassisch ist etwas, das niemals aufhört, uns etwas zu sagen zu haben, wie es der italienische Schriftsteller Italo Calvino ausdrückte. Und in diesem Buch hat das Altgriechische euch eine Menge zu sagen – und zu fragen.

Warum Altgriechisch genial ist soll etwas zeigen, das mir klar geworden ist, als ich mich als junges Mädchen ins Altgriechische verliebte und es zum Kompass für mein Leben erkor, um mich von ihm durch die Freuden und das Leid einer widersprüchlichen Welt führen zu lassen: Es gibt keine toten oder lebenden Sprachen, aber es gibt fruchtbare – so fruchtbar wie das Altgriechische, das Teil eurer eigenen Muttersprache und damit Teil von euch selbst geworden ist.

Am Ende der Lektüre werdet ihr vielleicht so etwas wie Heimweh empfinden. Nicht unbedingt nach dem antiken Athen, aber nach einer Art, die Welt zu sehen und sie in Worte zu fassen, so klar, so scharf, so aufrichtig und so sehr auf das menschliche Maß zugeschnitten, wie es nur das Altgriechische vermochte.

»Das Denken ist das Selbstgespräch der Seele«, sagt Platon. Ich hoffe, dass auch ihr bei der Lektüre meiner neuartigen Geschichte des Altgriechischen auf unverfälschte und aufrichtige Weise mit euch selbst sprechen könnt.

Sarajevo, den 14. August 2017

Einführung

> *Das Meer verbrennt die Masken,*
> *Von salzenen Feuern entflammt.*
> *Menschen voller Masken*
> *Lodern am Strand.*
>
> *Widerstehen wirst Du allein*
> *Den Bränden des Karnevals.*
> *Ohne Masken Du allein*
> *Verbirgst die Kunst des Seins.*
>
> GIORGIO CAPRONI,
> aus *Cronistoria*

»Um so merkwürdiger ist es dann, dass wir wünschen, Griechisch zu lernen, versuchen, Griechisch zu lernen, ewig uns hingezogen fühlen zum Griechischen und ewig uns irgendeine Vorstellung vom Sinn des Griechischen zurechtmachen, aus welch abstrusen Fetzen und Resten allerdings, von wie entfernter Ähnlichkeit mit dem wirklichen Sinn des Griechischen, wer vermag das zu sagen«, schreibt Virginia Woolf.[2] »Da wir in unserer Unwissenheit in jeder Klasse von Schuljungen auf der hintersten Bank säßen, da wir ja nicht wissen, wie die Worte klangen oder wo genau wir zu lachen hätten«.[3]

Auch ich bin *merkwürdig* – sehr merkwürdig.

Und ich bin ihr dankbar, meiner Merkwürdigkeit, denn sie hat mich dazu gebracht, dieses Buch zu schreiben, ohne dass es einen konkreten Anlass dafür gegeben hätte. Wie alle schönen Dinge des Lebens ist es einfach so passiert. Es ist ein Buch über das Altgriechische, um das ich mich stetig bemüht habe und von dem ich nun erzählen möchte.

Und zwar euch. Denn auch wenn ich noch immer eine Hinterbänklerin bin, weiß ich inzwischen immerhin, wo wir lachen müssen.

Tote Sprache und lebende Sprache.
Qual des Gymnasiums und Abenteuer des Odysseus.
Übersetzung oder Hieroglyphen.
Tragödie oder Komödie.
Verstehen oder Missverstehen.
Liebe oder Abneigung, vor allem.
Aufstand mithin.
Griechisch zu begreifen ist keine Frage der Begabung, sondern der Streitbarkeit – genauso wie das Leben.

Ich schrieb diese Zeilen, weil ich mich als junges Mädchen ins Altgriechische verliebt habe. Alles in allem ist es die längste Liebe meines Lebens.

Inzwischen bin ich eine erwachsene Frau und möchte versuchen, denjenigen etwas von dieser Liebe zu geben (oder zurückzugeben), die dem Altgriechischen gleichgültig gegenüberstehen. So gut wie allen also, die sich während ihrer Schulzeit damit abmühen mussten. Und ich möchte erreichen, dass sich diejenigen, die diese Sprache im Grunde gar nicht kennen, ebenfalls in sie verlieben.

Ja, in diesem Buch geht es in erster Linie um Liebe. Um die Liebe zu einer Sprache und zu jenen, die sie sprechen. Oder, da niemand mehr sie spricht, zu all jenen, die sie studieren – ganz egal, ob nun gezwungenermaßen oder weil sie schlicht von ihr fasziniert sind.

Ob ihr Altgriechisch könnt, ist dabei nicht von Bedeutung. Es wird nämlich weder Prüfungen noch Hausaufgaben geben – nur Überraschungen. Und zwar viele. Es ist auch nicht wichtig, ob ihr ein altsprachliches Gymnasium besucht habt. Wenn nicht, umso besser. Wenn es mir gelingt, euch mit meiner Fantasie durch das Labyrinth des Griechischen zu führen, werdet ihr die Welt und euer Leben am Ende dieses Weges auf eine neue Weise betrachten. Ganz unabhängig davon, welche Sprache ihr sprecht.

Wenn ihr doch eines besucht habt, dann noch besser. Wenn es mir nämlich gelingt, Fragen zu beantworten, die ihr euch niemals gestellt habt oder die immer unbeantwortet geblieben sind, dann werdet ihr am Ende der Lektüre vielleicht Teile von euch selbst wiedergefunden haben. Teile, die ihr in eurer Jugend beim Griechischlernen verloren habt, ohne jemals wirklich das Warum zu verstehen. Teile, die euch heute nützlich sein könnten. Sehr nützlich.

In beiden Fällen stellen diese Seiten sowohl für

euch als auch für mich eine Möglichkeit dar, um *in Altgriechisch denken zu spielen*.

Jeder von euch musste sich im Laufe seines Lebens schon auf die eine oder andere Weise mit den alten Griechen und ihrer Sprache auseinandersetzen – sei es nun mit den Füßen unter der Schulbank, bei einer Tragödie oder Komödie im Theater oder auf den Korridoren der zahllosen archäologischen Museen. Und doch fühlt sich das Griechentum bei diesen Gelegenheiten in etwa so lebendig an wie eine Marmorstatue.

Alle – wirklich alle – wissen es. Es ist noch nicht einmal nötig, eigens darauf hinzuweisen. Man hat es in den letzten zweitausend Jahren so oft gehört, dass es mittlerweile jedem Europäer in Fleisch und Blut übergegangen ist: Alles Schöne und Unübertreffliche, das jemals auf der Welt gesagt oder getan worden ist, wurde zum ersten Mal von den alten Griechen getan oder gesagt. Und zwar auf Altgriechisch.

Die wenigsten kennen diese Sprache aus eigener Anschauung. Die meisten wissen darüber nur, dass es keinen einzigen alten Griechen mehr gibt, der noch Altgriechisch spräche. Sie haben lediglich »davon gehört« – oder noch nicht einmal das. Sie nehmen es einfach als gegeben hin: Es ist eben so und fertig. Seit Jahrhunderten.

Unser kulturelles Erbe ist uns demnach von einem antiken Volk hinterlassen worden, das wir nicht wirklich kennen, und noch dazu in einer alten Sprache, die wir nicht verstehen.

Furchtbar.

Denn es ist schrecklich, etwas nicht zu verstehen. Vor allem, wenn einem gesagt wird, man *müsse* es dennoch lieben. Kein Wunder, dass man es zu hassen beginnt.

Zugleich lassen uns die Parthenonskulpturen oder das Theater von Syrakus mit Stolz auf die Griechen blicken, so, als wären es die Werke unserer Ahnen, unserer weit entfernten Urgroßväter. Es gefällt uns, sie uns auf irgendeiner sonnenbeschienenen Insel vorzustellen, wie sie gerade die Philosophie oder die Geschichtsschreibung erfinden. Oder wie sie in einem Theater sitzen, das sich in den Hang irgendeines Hügels schmiegt, um einer Tragödie oder Komödie zu lauschen. Oder wir sehen sie vor uns, wie sie bei Nacht den Sternenhimmel betrachten und dabei Wissenschaft und Astronomie entdecken.

In Wahrheit jedoch sind wir zutiefst verunsichert. Es ist so, als befragte man uns über eine Geschichte, die letztlich eben doch nicht die unsere ist, und wir haben das Gefühl, *etwas* Wichtiges über das antike Griechenland vergessen zu haben. Und dieses *Etwas* ist die altgriechische Sprache.

Das Griechische: »Dieser absurde, tragische Moment des Menschlichen«, um Nikos Dimou in all seinem Unglück zu zitieren.

Nicht nur, dass wir uns dem kulturellen Erbe des Altgriechischen (gewissermaßen) als Enterbte und

Untaugliche nähern. Auch wenn wir versuchen, die Krümel aufzulesen, die uns das Griechentum als Mitgift überlassen hat, bleiben wir Opfer eines der rückständigsten und stumpfsinnigsten Schulsysteme der Welt (zumindest nach meinem, dem Empfinden einer Hinterbänklerin, die nach diesem Buch wohl endgültig als ausgestoßen und durchgefallen gelten wird).

So, wie das altsprachliche Gymnasium in Italien strukturiert ist, scheint es keinem anderen Zweck zu dienen, als die Griechen und das Altgriechische so unerreichbar wie nur möglich zu belassen – stumm und herrlich auf dem Olymp, von einer Ehrfurcht umhüllt, die sich nur allzu oft in göttliche Schrecken und ausgesprochen irdische Verzweiflung verwandelt.

Mit wenigen, dem Engagement einiger aufgeklärter Lehrer zu verdankenden, Ausnahmen sind die gebräuchlichen Lehrmethoden geradezu dafür prädestiniert, um bei denjenigen, die es wagen, sich der griechischen Sprache anzunähern, Hass anstelle von Liebe zu erzeugen. Die Folge davon ist die Verweigerung eines Erbes, das wir nicht mehr wollen, weil wir es nicht verstehen, das uns einschüchtert und vor dem wir fliehen, kaum dass wir es auch nur streifen. Die meisten verbrennen daher die Schiffe des Griechischen hinter sich, sobald sie von den schulischen Zwängen befreit sind.

Nicht wenige Leser dieses Buches werden in meinen Ängsten ihre eigenen wiedererkennen, ihre Anstrengungen, ihre Frustrationen und ihre Wut auf das Altgriechische. Und doch sind diese Seiten aus der tiefen Überzeugung entstanden, dass es keinen Sinn ergibt, sich etwas vorzumachen. Es ist schlicht unmöglich, etwas zu vergessen, womit man sich fünf Jahre oder länger im Schweiße seines Angesichts herumgeplagt hat.

Doch keine Sorge, dieses Buch ist keine altgriechische Grammatik. Und es hat auch keinen akademischen Anspruch (von dieser Sorte gibt es bereits viel zu viele).

Sicher, es hat den Anspruch, leidenschaftlich zu sein und sich mit der Materie auseinanderzusetzen. Es ist eine *literarische* Erzählung (wenn auch nicht im wörtlichen Sinne) – eine Erzählung über die Besonderheiten einer wundervollen eleganten Sprache.

Was auch immer man euch über das Altgriechische erzählt und vor allem nicht erzählt hat, es ist in erster Linie eine Sprache.

Jede Sprache dient dazu, mit ihren Worten eine Welt zu malen. Und diese Welt ist eure Welt. Nur dank der Sprache seid ihr dazu in der Lage, Ideen zu formulieren, Emotionen eine Stimme zu verleihen, mitzuteilen, wie es euch geht, Wünsche auszudrücken, ein Lied zu hören oder Gedichte zu schreiben.

Wir leben in einer Zeit, in der wir zwar ständig mit etwas, aber nur noch selten mit jemandem verbunden sind. Es ist eine Zeit, in der Worte außer

Gebrauch geraten und durch Emojis oder andere Piktogramme ersetzt worden sind. Das Ergebnis ist eine immer schnelllebigere Welt mit einer virtuellen Realität, in der wir zeitversetzt von uns selbst existieren und einander – buchstäblich – nicht mehr verstehen.

Die Sprache – oder was davon bleibt – wird immer banaler. Wie viele von euch haben heute um der Liebe willen telefoniert? Ich meine, wirklich eine Nummer gewählt, um eine menschliche Stimme zu hören? Und wann habt ihr das letzte Mal einen Brief geschrieben, einen richtigen Brief, meine ich, mit einem Stift auf ein Blatt Papier, und habt an einem Briefumschlag oder einer Briefmarke geleckt?

Der Unterschied zwischen der Bedeutung eines Wortes und seiner Interpretation wird immer größer – ebenso wie der Raum für unausgesprochene Missverständnisse und das Bedauern darüber, wieder einmal nicht den richtigen Ausdruck gefunden zu haben. Wir verlieren Stück für Stück die Fähigkeit, eine Sprache zu sprechen – welche auch immer es sei –, und damit zugleich die Fähigkeit, einander zu verstehen und uns verständlich zu machen. Es gelingt uns immer weniger, komplexe Dinge mit einfachen, treffenden und ehrlichen Worten auszudrücken. Aber genau das ist die Stärke des Altgriechischen.

Es mag merkwürdig klingen – ich habe ja gleich zu Beginn zugegeben, merkwürdig zu sein –, aber die Lektüre dieses Buches könnte euch täglich von Nutzen sein. Und das nicht etwa bei einer unerledigten Hausaufgabe, denn dafür gibt es andere Lösungen.

Ja, genau *dieses* Altgriechisch. Wenn man sich ihm ohne Angst (und mit einer ordentlichen Portion Verrücktheit) nähert, lässt es sich ins Gesicht blicken. Mehr noch, es spricht zu euch, mit lauter und reiner Stimme. Es hilft euch dabei zu denken und somit, euch auszudrücken, sei es nun in Bezug auf einen Wunsch, die Liebe, die Einsamkeit oder die Zeit. Mit seiner Hilfe könnt ihr euch die Welt zurückholen und die Dinge endlich wieder auf eure eigene Weise sagen. Weil wir, um noch einmal Virginia Woolf zu zitieren, »zum Griechischen zurückkehren, wenn wir der Ungenauigkeit, des Durcheinanders und unserer Epoche überdrüssig sind«[4].

Dieses Buch zu schreiben war eine außerordentliche Erfahrung für mich. Es war wie eine Wiederentdeckung jener griechischen Wörter, die vor gefühlt tausend Jahren auf eine Schultafel geschrieben wurden, nur um gleich nach dem Unterricht weggewischt und vergessen zu werden.

Am Anfang stand die Erinnerung an mich selbst, fast noch ein Kind und verängstigt von einem Alphabet, das nicht meines war, und am Ende meine heutige, so vollkommen andere Sicht auf die altgriechische Sprache und die menschliche Natur.

Ich habe Kartons wiedergefunden, die mehr als zehn Umzüge überstanden haben, und darin die Schulbücher einer Vierzehnjährigen, in denen neben den Deklinationen der Name meines Sitznachbarn geschrieben stand. Nicht zu vergessen die Handbücher meiner Universitätszeit, die mir von Leben zu Leben und von Stadt zu Stadt gefolgt sind – mehr als die Schlüssel aller Wohnungen, in denen ich jemals gelebt habe und aus denen ich wieder ausgezogen bin.

Vergeblich habe ich zu vergessen versucht, was mich mehr als ein Jahrzehnt quälte, bis ich erkannte, dass es genügte, meine Gedanken mit Menschen aus meinem Umfeld zu teilen. Wir hatten uns niemals davon erzählt, aber auch sie wollten vergessen, dieselben Dinge wie ich, und das oftmals, ohne sich darüber im Klaren zu sein.

Bis heute unterstütze ich Schüler altsprachlicher Gymnasien, um letztlich von ihnen zu lernen. Die Fragen, die sie an mich richten, sind dieselben, die ich stellte, als ich noch keine Ahnung vom Altgriechischen oder vom Leben hatte. Und ist eine Frage erst einmal heraus, dann ist die Neugier geweckt und lässt sich nicht mehr unterdrücken. Genauso ist es auch mir ergangen, obwohl es lange gedauert hat, die Antworten zu finden oder auch nur zu erahnen.

Ich habe viel gelacht mit meinen Freunden, die in den Fängen des Altgriechischen dieselben Missgeschicke durchlebt haben wie ich. Ich musste feststellen, dass wirklich jeder, der sich mit dieser Sprache befasst hat, unzählige peinliche Erinnerungen mit sich herumträgt. Und genau die sind es, über die wir lachen müssen.

Vor allem jedoch habe ich versucht, die Merkwürdigkeiten des Altgriechischen auch jenen nahezubringen, die es nicht gelernt haben. Es ist kaum zu glauben, aber sie haben mich tatsächlich verstanden. Wir haben einander verstanden. Und zwar gut. Viel besser als gedacht.

Ich, die ich so merkwürdig bin, habe dank des *Aspekts* der griechischen Sprache nicht nur gelernt, die Zeit auf andere Weise zu betrachten, sondern es auch auszudrücken.

Ich habe so viele Seufzer geseufzt, während ich Wünsche im *Optativ* formulierte. Und nun, da ich Bilanz ziehe und mich frage, welche davon ich realisieren will, bleiben gar nicht mehr so viele übrig.

Ich habe *ich liebe dich* im *Dual* gesagt, einer Zahl, die in der griechischen Sprache *wir beide* bedeutet – nur wir.

Ich habe die Grausamkeit des auferlegten Schweigens erkannt, aber auch, dass man bestimmte Musik nicht einfach nur hört, sondern *betrachtet*.

Ich habe sogar Frieden mit meinem Namen *Andrea* geschlossen, der im Italienischen eigentlich ein Männername ist – eine Sache, die ich längst verloren glaubte.

Dieses Buch zu schreiben hat die Merkwürdigkeit in meinem Geist paradoxerweise weniger merkwürdig gemacht. Mit anderen Worten: Dank des Altgriechischen – indem ich es verstehe oder zumindest intuitiv erfasse – ist es mir gelungen, so viel mehr zu sagen, sowohl mir selbst als auch den anderen.

Ich hoffe, dass es euch genauso ergeht, wenn ihr diese Seiten lest, und dass ihr schließlich lachen und das Altgriechische zumindest einmal im Leben genießen könnt.

Wann, jemals, niemals. Der Aspekt

Zeit Gegenwart und Zeit Vergangenheit
Sind vielleicht beide in Zeit Zukunft gegenwärtig
Und Zeit Zukunft enthalten in Vergangenheit
Wenn alle Zeit für immer gegenwärtig ist
Kann nichts die Zeit erlösen
(…)
Fußtritte klingen nach, hier im Gedächtnis
Hier diesen Weg entlang, den wir nie gingen
Zu dieser Tür, die uns verschlossen blieb
Die Tür zum Rosengarten.

THOMAS S. ELIOT, BURNT NORTON,
aus *Vier Quartette*

Die Zeit, unser Gefängnis: Vergangenheit Gegenwart Zukunft. Früh spät heute gestern morgen. Immer. Niemals.

Die Zeit oder der Zeitpunkt kümmerten die alten Griechen wenig. Sie drückten sich in einer Weise aus, welche *die Wirkung der Handlungen auf die Sprechenden* berücksichtigte. Sie waren frei und fragten stets nach dem *Wie*. Wir sind Gefangene und beschäftigen uns immer nur mit dem *Wann*.

Nicht das Zu-spät oder Zu-früh der Dinge, sondern *wie sie geschehen* interessierte sie. Nicht der Moment der Dinge, sondern ihre *Entwicklung* war ihnen wichtig – nicht das Tempus, sondern der *Aspekt*. Der Aspekt ist eine grammatische Kategorie der altgriechischen Sprache, die sich auf die Qualität einer Aktion bezieht, ohne sie in Vergangenheit, Gegenwart oder Zukunft zu verorten. Wir hingegen ordnen alles, was geschieht, entlang einer exakten Zeitlinie an. Und jeder von uns hat seine eigene, ob sie nun gerade oder im Zickzack verläuft.

Die Fakten wurden konkret, in ihrer Entstehung gesehen. Das Tempus kam erst danach, zusammen mit anderen, linguistisch zweitrangigen grammatischen Kategorien. Falls es überhaupt kam, denn oftmals blieb der genaue Zeitpunkt des Geschehens ganz offen.

In *Timaios* *37e–38c* schreibt Platon über die Zeit, unter Verwendung aller Varianten des Aspekts der Verben γίγνομαι, »werden«, und εἰμί, »sein«:

Ἡμέρας γὰρ καὶ νύκτας καὶ μῆνας καὶ ἐνιαυτούς, οὐκ **ὄντας** [Präsens] πρὶν οὐρανὸν **γενέσθαι** [Aorist], τότε ἅμα ἐκείνῳ συνισταμένῳ τὴν γένεσιν αὐτῶν μηχανᾶται· ταῦτα δὲ πάντα μέρη χρόνου, καὶ τό τ' **ἦν** [Imperfekt] τό τ' **ἔσται** [Futur] χρόνου **γεγονότα** [Perfekt] εἴδη, ἃ δὴ φέροντες λανθάνομεν ἐπὶ τὴν ἀίδιον οὐσίαν οὐκ ὀρθῶς. λέγομεν γὰρ δὴ ὡς **ἦν** [Imperfekt] **ἔστιν** [Präsens] τε καὶ **ἔσται** [Futur], τῇ δὲ τὸ **ἔστιν** [Präsens] μόνον κατὰ τὸν ἀληθῆ λόγον προσήκει, τὸ δὲ **ἦν** [Imperfekt] τό τ' **ἔσται** [Futur] περὶ τὴν ἐν χρόνῳ γένεσιν ἰοῦσαν πρέπει λέγεσθαι.

Da es nämlich, bevor der Himmel entstand, keine Tage und Nächte, keine Monate und Jahre gab, so ließ er damals, indem er jenen zusammenfügte, diese mit entstehen; diese aber sind insgesamt Teile der Zeit, und das War und Wirdsein sind gewordene Formen der Zeit, die wir, uns selbst unbewusst, unrichtig auf das unvergängliche Sein übertragen. Denn wir sagen doch: Es war, ist und wird sein; der richtigen Ausdrucksweise zufolge kommt aber jenem nur das Ist zu, das War und Wirdsein ziemt sich dagegen nur von dem in der Zeit fortschreitenden Werden zu sagen, sind es doch Bewegungen.

Τό τε γεγονὸς [Perfekt] εἶναι γεγονὸς [Perfekt] καὶ τὸ γιγνόμενον [Präsens] εἶναι γιγνόμενον [Präsens], ἔτι τε τὸ γενησόμενον εἶναι [Futur] γενησόμενον [Futur] καὶ τὸ μὴ ὂν [Präsens] μὴ ὂν [Präsens] εἶναι [Präsens], ὧν οὐδὲν ἀκριβὲς λέγομεν.

Außerdem aber bedienen wir uns auch noch folgender Ausdrücke: Das Gewordene sei ein Gewordenes, das Werdende sei ein Werdendes, und das zu werden Bestimmte sei ein zu werden Bestimmtes sowie das Nichtseiende sei ein Nichtseiendes, aber keiner derselben ist vollkommen genau.[5]

Der Aspekt war eine Denkweise, die dazu diente, das Geschehen in der Welt und im Leben in Vollendetes und Unvollendetes zu unterteilen – *perfecta* oder *infecta,* um die lateinischen Begriffe zu verwenden. Oder auch in Anfang und Ende. Jede Sprache setzt eine bestimmte Sichtweise der Welt voraus. Wenn aber im Altgriechischen die Zeit zweitrangig ist, dann existieren im Grunde nur *der Anfang* und *das Ende der Dinge*. Aller Dinge.

Der Aspekt zeigte im Griechischen die Gesamtdauer zwischen Anfang und Ende an. Wie lange dauert ein Vorgang, und wie vollzieht er sich. Wie beginnt er, wie entwickelt er sich, und wie endet er. Was ist er geworden. Und vor allem war der Aspekt eine Möglichkeit, um auszudrücken, *wie* und *was aus jedem Anfang und jedem Ende entsteht*.

Mit seiner Hilfe kannst du sagen, was geschieht, wenn du gesehen hast und daher nun weißt, wenn du Vertrauen hattest und daher nun glaubst, wenn du geschrieben hast und die weiße Seite daher nun voller Wörter ist. Wenn du losgegangen und angekommen bist – es ist nicht wichtig, wann, denn *jetzt bist du ja da.*

Für uns ist dieses Konzept kaum zu verstehen, denn wir sind mit der Vorstellung auf die Welt gekommen, dass zwischen Anfang und Ende Zeit vergeht – zu viel oder zu wenig – und dass diese Zeit alles ist, was wir haben. Wir können es nur schwer entschlüsseln, weil wir eine Sprache denken und sprechen, in der – wie in den meisten modernen Sprachen – jeder Vorgang eng mit einem präzisen Moment in Gegenwart, Vergangenheit oder Zukunft verknüpft ist. Und zugleich lässt sich nichts wirklich in der Zeit festmachen, weil es sich ständig in etwas anderes verwandelt. Es fällt uns schwer, festzustellen, was genau geschieht, denn wir vertrauen uns der heilenden Kraft der Zeit an, wenn wir Verletzungen davontragen und darauf warten, dass sie vernarben. Es ist schwer, ohne Zeitbezug zu denken, doch Zeit existiert nicht. Es existieren nur das Ende eines jeden Anfangs und der Anfang eines jeden Endes. Die Bauern und Seeleute wissen es: Man mäht, um wieder säen und ernten zu können. Man legt im Hafen an, um in See zu stechen, das Meer zu überqueren und erneut anzulegen. Es ist schwer zu sehen, denn wir blicken ständig auf die Uhr oder den Terminkalender, um die *Logistik unseres Lebens in der Zeit* zu strukturieren – einer Zeit, die alles verändert und es zugleich bleiben lässt, wie es ist: Im Altgriechischen haben »ich bleibe« und »ich erwarte dich« in den Verben μένω und μίμνω dieselbe Wurzel.

Es ist schwer für uns. Aber das liegt nicht am Altgriechischen, das nicht auf die Zeit verwies, sondern auf den Prozess, und das mithilfe des Aspekts der Verben die Qualität der Dinge zum Ausdruck brachte – eine Kategorie, die sich uns immer wieder zu entziehen scheint. Unser Problem ist das *Wann,* nach dem wir ständig fragen, ohne jemals das *Wie* zu hören.

Der Aspekt des griechischen Verbes ist eine der großartigsten Hinterlassenschaften des Indogermanischen, einer der ersten auf der Welt gesprochenen, inzwischen jedoch längst verschwundenen und daher nur noch hypothetischen Sprachen. Die Sprachen, die darauf folgten, haben nichts anderes getan, als das linguistische und intellektuelle Erbe des Indogermanischen durch Weglassungen zu verschleudern – *Sprachökonomie* wird dieses Prinzip der Vereinfachung in der Linguistik genannt, das auf eine Banalisierung der Sprache hinausläuft.

Die Gesellschaften wandelten sich im Laufe der Jahrtausende, Völker wurden von Nomaden und Viehzüchtern zu Stadtbewohnern: Es wurde notwendig, sich schnell auszudrücken, sich in Eile verständlich zu machen und verstanden zu werden. Die Welt war komplexer geworden, und paradoxerweise brauchte es dafür eine einfachere Sprache – so geschieht es immer, wenn sich die Realität nur schwer ausdrücken lässt. Man denke nur an die aktuelle Kommunikation mit Emoticons als moderne Piktogramme. Inzwischen kann niemand mehr richtig telefonieren, und wir vergessen, dass wir *sprechen* können.

Das Verbalsystem des Indogermanischen hatte eine eigentümliche Struktur. Es verfügte nämlich nicht über eine regelmäßige, auf dem Tempus basierende Konjugation, wie wir es gewohnt sind und in der Grundschule lernen: »Ich esse, ich aß, ich habe gegessen«. Stattdessen besaß es unabhängige, durch keine zeitliche Notwendigkeit verbundene Verbalstämme.

Das Altgriechische hat seit Homer diese indogermanische Eigentümlichkeit bewahrt und damit jene reine Art, die Welt ohne Tempus zu betrachten.

Im Vergleich dazu sind wir heute in linguistischer Hinsicht geradezu verstummt, denn wir sind kaum noch in der Lage, etwas ohne Zeitbezug auszudrücken. Es fällt uns schwer, das *Wann* der Dinge außer Acht zu lassen und über das *Wie* nachzudenken. Aber versuchen wir doch einfach mal zu sehen, um anschließend zu wissen. Versuchen wir, den Aspekt zu verstehen, um anschließend zu reden. Weil das Tempus *sprachlos* ist, der Aspekt hingegen nicht.

Für diejenigen, die Altgriechisch nicht in der Schule hatten, ist der Versuch, den Aspekt zu verstehen, so etwas wie eine Übung in Sprachfreiheit. Für jene hingegen, die es in der Schule oder an der Universität gelernt haben, wird es womöglich die Antwort auf nie gestellte Fragen sein. Vielleicht wird es auch etwas mehr als eine Übung in Sprachfreiheit sein – nämlich eine *sprachliche Befreiung* und für manche sogar eine *Revolution*. Eine Art verspätete Wiedergutmachung für all die Jahre, die sie mit dem stupiden Auswendiglernen von Verben verbringen mussten, ohne wirklich den Sinn des Ganzen zu verstehen.

Die grammatische Kategorie des griechischen Aspekts wird in den Schulbüchern aktuell – wenn überhaupt – auf maximal einer halben Seite abgehandelt. Die Listen mit den auswendig zu lernenden Verben hingegen umfassen mindestens einhundert Seiten. Ich weiß sehr wohl, dass es eines intensiven Studiums, großer Ausdauer und Beharrlichkeit bedarf, um eine Fremdsprache zu erlernen. Und ob nun tot oder lebendig, genau das ist das Altgriechische. Es ist außerdem eine große Gedächtnisleistung, etwas in sprachlicher Hinsicht derart Fremdes zu verinnerlichen (vielleicht ist es ja genauso schwer, Japanisch zu lernen?). Trotzdem ist jede Anstrengung ohne Verständnis und Sprachgefühl nichts weiter als Selbstzweck. Und ohne ein Gefühl für sie zu haben, kann man die Sprache, die man lernt, nicht verstehen und schon gar nicht begreifen, warum man sie lernt.

Wer einmal Altgriechisch gelernt hat, mag die Sprache inzwischen vergessen haben, erinnert sich aber bestimmt noch an die zahllosen mit dem Pauken von Lehrsätzen verbrachten Nachmittage. Was soll auch anderes dabei herauskommen als das völlige Vergessen, wenn wir sinnfrei auswendig lernen oder uns vertraute Kategorien wie das Tempus auf Sprachen anwenden, denen sie fremd sind? Was bleibt, ist die Erinnerung an die Qualen so vieler Frühlingsnachmittage, an denen man lernte, was man so bald wie möglich wieder vergessen wollte. Und für die meisten von uns begann das Vergessen bereits unmittelbar nach Abgabe der Abiturarbeit.

Ich werde versuchen, den Aspekt zu erklären, indem ich mir meine eigene Jugend und die auswendig gelernten Lehrsätze noch einmal ins Gedächtnis rufe: Ich hörte den Klang, doch den Sinn verstand ich nicht. Ich wiederholte sie gebetsmühlenartig, ohne mir ihrer jemals wirklich bewusst zu sein. Es hätten ebenso gut vedische Verse, buddhistische Mantras oder Koransuren sein können, es wäre dasselbe gewesen. Auch heute noch muss ich nur φέρω hören, und ich antworte reflexartig οἴσω und so fort. Mein Sprachverständnis erschöpfte sich darin, dass ich während der Klassenarbeiten die Verben unter Beschwörungen zu Papier brachte. Und ich war weder die Erste noch die Letzte, der es so erging. Im Gegenteil. Genau dasselbe passiert auch heute noch Schülern an altsprachlichen Gymnasien, die in den Zweitausendern geboren wurden und ein Mobiltelefon benutzen konnten, bevor sie wussten, was ein Kugelschreiber ist.

Da ich selbst auch jetzt noch ein gebranntes Kind des altsprachlichen Gymnasiums bin, richten sich meine Erklärungen nicht zuletzt an diese jungen Menschen, um ihren Nachmittagen und vor allem den Nächten, in denen sie lernen, anstatt irgendwo zu feiern, wenigstens ein bisschen Sinn zu verleihen. Vertraut mir, es gibt einen Sinn in dem, was ihr lernt, einen wunderschönen sogar, auch wenn ich selbst fünfzehn Jahre und einen Universitätsabschluss in Altphilologie gebraucht habe, um das zu begreifen.

Dickköpfig wie ich war.

Fangen wir am besten mit einer Geschichte an, denn wir stellen uns gerne etwas vor, und Vorstellungskraft ist bei einer Sprache, die nicht die eigene und noch dazu eine tote ist, besonders wichtig. Natürlich wird es auch noch akademischere Beispiele geben – nur für den Fall, dass die kundigeren Leser beunruhigt sein sollten.

Wir schreiben das Jahr 487 v. Chr., es ist spätnachts, Wolken verdecken den aufgehenden Mond, und man hört Wellen gegen die Planken der im Hafen von Piräus vor Anker liegenden Triremen klatschen. In einer der übelsten Kaschemmen tauchen Öllampen den Schankraum in dämmriges Licht. Zwei Freunde haben heute Abend ein bisschen zu viel getrunken – der eine hat Probleme mit einer Frau, der andere mit Waren, die noch immer nicht aus Halikarnassos eingetroffen sind. Sie denken gerade darüber nach, ob sie am folgenden Tag nicht den Rat des Orakels von Delphi einholen sollen, und ihre Laune könnte schlechter nicht sein. Und während sie hin und her überlegen, werden sie immer betrunkener vom starken Wein, den die alten Griechen normalerweise nur verdünnt genießen.

Heute jedoch haben unsere beiden Freunde vielleicht etwas zu wenig Wasser beigemischt. Wer will es ihnen verdenken, denn es ist einer dieser Abende, an denen nur ein kräftiger Schluck Trost spenden kann. Am Ende jedoch kommt – im Leben wie im Gasthaus – stets die gesalzene Rechnung. Sie könnten anstandslos bezahlen und erhobenen Hauptes das

Lokal verlassen, doch sie entscheiden sich, die Zeche zu prellen und einfach zu verschwinden. Allerdings sind sie so betrunken, dass der Wirt sie schon an der nächsten Ecke erwischt. Trotzdem beschließen sie zu »flüchten«, was im Altgriechischen φεύγειν heißt.

Um den Aspekt zu verstehen, ist es notwendig, sich in die Reaktion und die Sprache des ebenfalls an der Szene beteiligten Gastwirts hineinzuversetzen. In *drei Aspekten* könnte der Wirt seinen Ärger zum Ausdruck bringen, indem er sich – bewusst und sicher nicht aufs Geratewohl – für einen der drei *Verbalstämme* des Verbs φεύγειν entscheidet:

- **Präsensstamm,** φεύγουσιν, übersetzt: »Beim Zeus, sieh dir das an, die hauen ab.«

Unser Wirt steht da, neben einem Weinfass, und sieht die beiden Freunde, die gerade *im Begriff sind,* sich aus dem Staub zu machen – der eine stolpert über eine Stufe, und der andere verliert eine Sandale. Mit anderen Worten: Die lächerliche Szene spielt sich direkt vor seinen Augen ab, und die beiden kommen vermutlich nicht sehr weit.

- **Aoriststamm,** ἔφυγον, übersetzt: »Beim Zeus, diese beiden Halunken werden doch wohl nicht etwa abhauen wollen.«

Der Wirt sitzt da auf seinem Hocker und kann es gar nicht erwarten, seine Kneipe endlich zu schließen, denn am nächsten Tag muss er wieder früh raus.

Seine Frau wird sich wie üblich beklagen usw. Und während ihm all dies durch den Kopf geht, kommt ihm der *Gedanke,* dass die Burschen womöglich die Absicht haben, die Zeche zu prellen. Es ist nicht wichtig, ob er der Szene beiwohnt oder nicht (vielleicht fallen ihm, da er todmüde ist, bereits die Augen zu). Der Sinn ist vielmehr: Die Aktion der Flucht wird als Tatsache an sich angesehen, vollkommen unabhängig von ihrer Dauer.

- **Perfektstamm**, πεφεύγασιν, übersetzt: »Möge Zeus diese beiden Bastarde mit dem Blitz erschlagen, sie sind abgehauen!«

Dem armen, vom langen Tag erschöpften Wirt sinkt der Mut: Seine müden Augen erblicken einen Tisch mit leeren Trinkschalen, von denen eine zudem zerbrochen ist, während das Blatt mit der Rechnung im Mistral flattert. Nur von den beiden Betrunkenen fehlt jede Spur. Die Aktion des Fliehens hat sich bereits vor einer Weile vollzogen, und dem Wirt bleiben nur Schaden und Spott.

Der griechische Wein

Wenn man wie ich aus dem Anbaugebiet des Chianti stammt, kommt man natürlich nicht umhin, auch vom antiken griechischen Wein zu reden.
Er wurde *Nektar der Götter, Blut des Dionysos* oder

Ambrosia des Olymp genannt und hatte, wie bereits erwähnt, einen hohen Alkoholgehalt – eine Folge der starken Sonneneinstrahlung in Griechenland und einer extrem späten Lese, die erst erfolgte, wenn die Blätter der Rebstöcke bereits gefallen waren. Der Konsum dieses Getränks reicht bis ins 2. Jahrtausend v. Chr. zurück, wie der Fund einiger Trinkbecher zeigt, in denen chemische Analysen das Vorhandensein von Wein nachgewiesen haben.

Der Weinanbau war in ganz Griechenland verbreitet. Und die *Oikisten,* also diejenigen, die von ihren Mutterstädten damit beauftragt wurden, jenseits des Meeres neue Kolonien zu gründen, und die auf diese Weise die griechischen Sitten und Bräuche im gesamten Mittelmeerraum verbreiteten, nahmen auf ihren Schiffen auch Reblinge mit, um sie in der neuen Heimaterde einzupflanzen. Der Weinanbau erreichte also die Küsten Spaniens, Afrikas, Südfrankreichs und Italiens, das wegen des exzellenten Weins, den man dort kelterte, bisweilen *Enotria,* also »das Land der Reben« genannt wurde.

Man trank den griechischen Wein, wie gesagt, mit Wasser verdünnt, und zwar nicht nur der öffentlichen Ordnung wegen, sondern auch aus Gründen der Identität: Die Griechen erschauderten angesichts der *Barbaren,* die es gewohnt waren, ihren Wein unverdünnt zu trinken. Im 11. Gesang der *Illias* etwa bietet Nestor dem Arzt Machaon *Pramnischen Wein* an (Wein von der Insel Ikaria, der als erster DOC-Wein der Geschichte angesehen wird), gemischt mit *weißem Mehl und geriebenem Käse.* Eine Delikatesse, könnte man sagen. In schwierigen Momenten stärkten sich die homerischen Helden tatsächlich mit diesem Gebräu, etwa wenn sie verletzt waren oder nach nervenaufreibenden Schlachten. Dieser Trank hatte sogar einen Namen, er hieß Kykeon (κυκεών, von κυκάω – »rühren, vermischen«).

Das Symposion (was »zusammen trinken« bedeutet) war für die Griechen die Gelegenheit schlechthin, Wein zu sich zu nehmen. Es diente jedoch nicht nur dem Vergnügen, sondern beinhaltete auch die Auseinandersetzung über politische, intellektuelle oder bürgerliche Themen. Während die Symposionsteilnehmer, bequem auf ihren Klinen liegend, aßen und tranken, trugen Sänger und Poeten Geschichten wie die homerischen Epen vor, die Gemeingut aller Griechen waren, und stärkten auf diese Weise das Gemeinschaftsgefühl. Es oblag jedoch dem *Symposiarchen,* also dem Symposionsleiter, festzulegen, wie viel Wein getrunken und wie stark er verdünnt wurde. Die Gefäße, in denen der Wein serviert wurde, hatten verschiedene Formen und Namen: Das wichtigste war der Krater, der dazu diente, Wein und Wasser zu mischen.

Der Rauschzustand hatte eine religiöse, ja beinahe mystische Bedeutung. Man glaubte, dass Trunkenheit die Männer von den Fesseln der Rationalität befreite und es ihnen auf diese Weise erlaubte, sich der Göttlichkeit anzunähern. Daher stammt die berühmte, dem Dichter Alkaios von Lesbos zugeschriebene Redewendung ἐν οἴνῳ ἀλήθεια, *in vino veritas*, die bis heute dafür herhalten muss, alles andere als heilige Besäufnisse zu rechtfertigen. Unterschieden wurden die Weine zum einen anhand ihrer Farbe in weiße, schwarze und mahagonifarbene und zum anderen aufgrund ihres Duftes nach Rosen, Veilchen oder Harz – eine wahrhaft köstliche Art der Differenzierung.

Doch verlassen wir nun die fiktive Geschichte der beiden betrunkenen Freunde und kehren zur wahren Geschichte der Sprache zurück.

In erster Linie war der Aspekt eine präzise grammatische Kategorie des Altgriechischen, mit demselben Stellenwert wie Tempus, Modus, Person und Diathese (Genus Verbi), die wir noch heute verwenden, um uns zu verstehen und verständlich zu machen – was ja der Hauptzweck von Sprache ist. Ein Rätsel bleibt, weshalb eine so grundlegende Kategorie heute wie etwas Überflüssiges und daher Nutzloses behandelt wird.

Eine strenge Definition des Aspektwerts im Altgriechischen lautet wie folgt: Der Aspekt zeigte die Qualität einer Aktion an, die Art und Weise, in der etwas geschah, und wie sich der Sprechende diesbezüglich fühlte. Wie ihr bemerkt haben werdet, habe ich beim

Definieren des Aspekts in der Vergangenheit gesprochen. Denn wir haben diese grammatische Kategorie, diese Art, die Ereignisse hinsichtlich ihrer Qualität und ihrer Konsequenzen zu bewerten, anstatt sie nach dem Schema *Gegenwart-Vergangenheit-Zukunft* wie Erinnerungsfotos an die Wand zu pinnen, dieses Fragen des Altgriechischen nach dem *Wie* für immer verloren. Die Autokorrektur meines Computers kennt ja noch nicht einmal das Wort »aspektisch« – sobald ich es schreibe, wird es wie ein Fehler rot unterstrichen.

Wir verstehen den Wert des altgriechischen Aspekts nicht mehr, weil unser *Sprachgefühl* – also unsere Art, die Welt zu sehen und sie in Worten auszudrücken – ihn schon seit ein paar Tausend Jahren nicht mehr kennt. Schlimmer noch, wir haben ihn aufgegeben wie etwas, das uns irgendwo unbemerkt aus der Tasche gefallen ist.

Vielleicht könnte es den Hawaiianern gelingen, die eine der wenigen Sprachen sprechen, in denen der Aspekt überlebt hat (mit einer Beharrlichkeit, die man nur bewundern kann, angesichts der vielen langen Wörter voller *Us*). Auch das Serbokroatische, das aus politischen Gründen seit dem Balkankrieg in Serbisch, Kroatisch, Bosnisch und Montenegrinisch unterschieden wird, kennt je nach Aspekt perfektive und durative Verben. Wir tun das nicht. Wir Enterbten des Indogermanischen sind gezwungen, seine Bedeutung zu erahnen, und müssen uns anstrengen, um zu verstehen.

Nun rasch eine kurze Zusammenfassung, bevor es komplizierter wird:

- **Aspektwert des Präsensstamms:** Die Aktion ist durativ, im Begriff, sich zu vollziehen. Grafisch könnte man sie als gerade Linie mit Punkten am Ende darstellen, die in Richtung Unendlichkeit weisen: _____………
Beispiel: καλέω, »ich bin im Begriff, dich zu rufen«, aus meinem Mund kommen die Laute, die deinen Namen bilden – etwa *Lo-li-ta,* um Nabakov ins Spiel zu bringen.

- **Aspektwert des Aoriststamms:** Die Aktion ist punktuell, wird als das angesehen, was sie ist. Grafisch lässt sie sich als ruhender Punkt wiedergeben: ●
Beispiel: ἐκάλεσα, »ich drücke die Idee aus, dich zu rufen«. Es spielt keine Rolle, wann, wie und warum es geschieht. Vielleicht kann ein Generikum wie »ich rufe dich (an)«, ohne irgendeine räumliche oder zeitliche Zuordnung, den Grundgedanken in etwa wiedergeben – wie etwa nach *gewissen* Verabredungen.

- **Aspektwert des Perfektstamms:** Die Aktion ist abgeschlossen (resultativ), ohne die Möglichkeit, noch etwas daran zu ändern. Was bleibt, sind ihre Konsequenzen. Grafisch könnte man sie mit einem Kreis wiedergeben: ○
Beispiel: κέκληκα, »ich habe dich (an-)gerufen« und

ärgere mich nun, dass du nicht zurückrufst – ich fürchte, die Verabredung ist nicht besonders gut gelaufen.

Der *Aspektwert* einer Aktion war für den Altgriechisch Sprechenden von so fundamentaler Bedeutung, dass ihr *Zeitwert* dagegen verblasste. Letzterer wurde in der Tat nur im Indikativ umschrieben und als Erweiterung mittels angehängter Tempuszeichen ausgedrückt, während es bei Infinitiv, Konjunktiv, Optativ, Partizip und Imperativ nur der Aspekt war, der den Unterschied ausmachte. Erneut nicht *wann,* sondern *wie.*

Nun ist es an der Zeit, diese Art, sich verständlich zu machen, aus der Nähe zu betrachten und sie sich vorzustellen. Und um das tun zu können, müssen wir uns mit dem verschwendeten indogermanischen Erbe, also den bereits erwähnten *Wortstämmen* befassen. Sie sind der Hauptgrund, weshalb man auf den Gymnasien die Verbformen auswendig lernt. Der Stamm ist jener Teil des Verbs, der beim Konjugieren unverändert bleibt. Das ist auch im Deutschen, etwa *lern-* für das Verb *lernen,* der Fall, um nur ein Beispiel zu nennen.

Aus dem Dunkel der Geschichte hat das Altgriechische gewissermaßen als Souvenir verschiedene Wortstämme für jedes Verb mitgebracht, nämlich die drei mit dem Aspektwert verbundenen Stämme (Präsens-, Aorist- und Perfektstamm), zu denen sich der Futurstamm (auf den wir später zu sprechen kommen) und der passive Aoriststamm gesellen (der wenig mehr ist als eine dem aktiven Aorist zugeordnete Variante).

ᗗᗗᗗᗗᗗᗗ Das Dunkel der Geschichte

Das Dunkel zu beleuchten, das die Geschichte des Indogermanischen umhüllt, ist ein gigantisches Unterfangen, an dem sich schon viele versucht haben. Doch keiner ist aus der Finsternis zurückgekehrt, alle wurden von ihr verschlungen. Man könnte die gewonnenen Erkenntnisse folgendermaßen zusammenfassen: Wie fast alle europäischen Sprachen hat auch das Altgriechische seine Wurzeln im Indogermanischen. Und das war's schon.
Natürlich gibt es keine schriftlichen Zeugnisse dieser Sprache oder auch nur eine Erinnerung an das Volk, das sie gesprochen hat. Als die Völker zu schreiben begannen, hatten sie längst keine gemeinsame Sprache mehr. Obwohl sie Angehörige derselben Sprachfamilie waren und alle derselben Sprache entstammten, verstanden sich Griechen, Perser, Inder und all die anderen indogermanischen Volksgruppen längst nicht mehr.
Natürlich wissen wir nicht, wann oder wo dieses indogermanische Urvolk gelebt hat, aber wenn seine Sprache eine solche Wirkkraft und Verbreitung hatte,

muss sie von einer kulturell dominierenden Zivilisation gesprochen worden sein. Als Zeitpunkt für die Aufspaltung der indogermanischen Ursprache kommt das 4. Jahrtausend v. Chr. infrage, was zugegebenermaßen ziemlich vage ist. Ansässig dürfte sie – noch ungenauer – irgendwo zwischen Europa und Asien gewesen sein.

Natürlich ist auch der Übergang vom Indogermanischen zum Urgriechischen, dem Vorläufer aller griechischen Dialekte, von Mythen umrankt. Wie im Fall des Indogermanischen wird dahinter jedoch ein griechisches Urvolk mit einer einheitlichen Sprache vermutet, bei dem es sich um ein hochentwickeltes Kriegervolk gehandelt haben dürfte.

Durch einen *historischen Unglücksfall,* wie es die Wissenschaftler so schön nennen, haben sich die Übergangsformen vom Indogermanischen zum Altgriechischen jedoch nicht erhalten, sodass die verschiedenen griechischen Dialekte beinahe schlagartig auf der Bildfläche erschienen. Was dazwischen geschehen ist, könnte man folgendermaßen zusammenfassen: *Eroberungen, gesellschaftlicher Wandel, Machtkämpfe, Invasionen, Wechsel der intellektuell vorherrschenden Klassen.*

Oder habt ihr etwa an Erdbeben, Atlantis und Naturkatastrophen geglaubt?

Multipliziert also alles mit fünf. Und wer sich ein paar Erinnerungen aus dem Gymnasium bewahrt hat, wird wissen, warum er all die Formen auswendig aufgesagt hat, als wären sie das Ave Maria (mir haben sie es tatsächlich genau so gesagt: *Du musst die Formen kennen wie das Ave Maria*). Man bläute sich jeden einzelnen der fünf Wortstämme eines jeden Verbs ein – ein Vorgang, der noch mal verdeutlicht, dass wir das Altgriechische einfach nicht mehr begreifen und deshalb gezwungen sind, auswendig zu lernen. Und wie jeder weiß, ist erzwungene Erinnerung der beste Weg, um etwas zu vergessen.

Die alten Griechen hingegen erfassten die Verbalstämme mit einem Blick.

Sie verfügten über ein sprachliches Bewusstsein für die einem Verb innewohnenden Bedeutungen und wohl auch dafür, wie diese miteinander verbunden sind. Sie dachten auf eine ganz andere Weise als wir. Wir machen uns verständlich, indem wir das Verb im Tempus konjugieren. Sogar ein dreijähriges Kind begreift, dass *ich esse, ich werde essen* und *ich habe gegessen* nichts weiter sind als zeitliche Varianten des Verbs *essen*. Und wie man sieht, ähneln diese Varianten einander sehr. *Mit einem Blick*, sagte ich, und genau das ist der Schlüssel zum Verständnis des Altgriechischen, denn wer wissen will, muss sehen wollen.

Den Griechen war es einerlei, dass die Stämme λειπ-, λιπ- und λοιπ- nur Varianten des Verbs λειπω, »lassen«, sind. Tatsächlich enthalten diese Stämme so unterschiedliche aspektische Bedeutungen, dass sie beinahe voneinander unabhängig sind. Und wie man sieht, ähneln sie sich rein äußerlich auch nicht besonders. Ebenso, wie sich der Moment, in dem *ich dich verlasse,* von dem Augenblick unterscheidet, in dem *ich dich verlassen habe.* Und das nicht nur rein äußerlich, denn während es im ersten Fall noch Hoffnung gibt, ist im zweiten bereits alles verloren. Man ist so allein wie ein Hund.

Es ist nicht auszuschließen, dass einige der altgriechischen Muttersprachler einen Verdacht hegten und dass die besonders Aufmerksamen unter ihnen in den Verben die Wurzeln desselben Wortstamms erkannten. Aber wenn das geschah, dann sicher nicht, *weil* sie über ein Sprachbewusstsein verfügten, sondern *obwohl.*

Homer zum Beispiel verwendete die Verben genau auf diese Weise. Er wählte einen Wortstamm, um damit ausdrücken, *wie* die Handlung sich vollzieht, von der er berichten wollte. Oder von der ihm, um genau zu sein, die Muse erzählt hat. Ebenso wie der Wirt in unserer kleinen Geschichte machte es auch Homer, der Blinde von Chios – oder von einer der anderen Inseln, die sich rühmen, sein Geburtsort zu sein. Immer vorausgesetzt, dass es tatsächlich *den einen* Homer gab. Er schilderte beispielsweise, wie Helena sich angesichts der Tatsache verhält, von Paris entführt worden zu sein und dadurch einen zehn Jahre dauernden Krieg ausgelöst zu haben (nämlich sehr verärgert).

Sowohl in der *Ilias* als auch in der *Odyssee* wird deutlich, wie unbefangen Homer bei der Auswahl seiner Verbalstämme vorging. Der Dichterfürst scheint sich gar nicht bewusst gewesen zu sein, dass er verschiedene Aspektvarianten desselben Verbs benutzte, um sich verständlich zu machen. Wir entnehmen das den Anmerkungen zu den Versen, mit denen wir uns befassen müssen, und den Formentabellen in unseren Lehrbüchern, denen wir uns ungefähr ebenso freudig stellen wie ein Grieche der persischen Phalanx an den Thermopylen.

Homer – und den Griechen ganz allgemein – scheint der Zusammenhang zwischen den verschiedenen Verbalstämmen gar nicht aufgefallen zu sein. Oder wenn sie ihn erkannten, scherte er sie offenbar nicht sonderlich. Teil ihres Sprachgefühls war er jedenfalls nicht. Die Wahl des Wortstamms hing allein von der Notwendigkeit ab, sich verständlich zu machen.

Uns mag eine solche Vorgehensweise schwierig und kompliziert erscheinen, aber die alten Griechen verstanden einander bestens – vielleicht sogar besser, als wir es heute tun, denn viel zu oft verstehen wir uns gar nicht. Auf jeden Fall waren sie aufrichtiger und genauer, denn nichts wurde gesagt, um einfach nur etwas zu sagen, und nichts getan, um einfach nur etwas zu tun.

Ilias und *Odyssee* repräsentieren nicht nur den dichterischen Mainstream ihrer Zeit, sie waren auch ein äußerst wirksames Storytelling-Instrument der damaligen Gesellschaft. Das bedeutet, dass die Werke von Griechen aller Klassen verstanden wurden – und zwar auch ohne Studienabschluss in klassischer Philologie.

Wäre die homerische Sprache nur etwas für sehr gebildete Ohren gewesen, hätten die Griechen ohne Frage einen anderen Nationaldichter gewählt, und Homer wäre im Papierkorb gelandet. Wir hätten ja auch sofort umgeschaltet, wenn das Finale der Fußballweltmeisterschaft von 2006 (das Italien im Elfmeterschießen gewann!) in der Sprache Dantes kommentiert worden wäre.

Bevor wir uns jedem der unterschiedlichen Verbalstämme einzeln zuwenden, möchte ich mit einem Beispiel beginnen, das jedem früheren und erst recht allen heutigen Gymnasiasten den Schweiß auf die Stirn treiben wird. Und diejenigen, die niemals Altgriechisch gelernt haben, wird es womöglich zur Verzweiflung bringen. Dennoch scheint es mir der schnellste Weg zu sein, um die Sache zu begreifen.

Bestimmt habt ihr schon einmal von den *unregelmäßigen Verben* gehört, jenen verrückten Verben, die sich jeder Regel entziehen – Verben, die im Griechischen so logisch sind, während sie uns vollkommen unlogisch erscheinen. Denjenigen, die während des Griechischunterrichts in ihren Schulbänken eingezwängt waren oder es noch sind, werden sie eine ganze Menge sagen. In der Sprache ist es ebenso wie im Leben: Oft sind es gerade die Ausnahmen und

Abweichungen, die den Sinn einer Regel am besten verdeutlichen. Daher ist es nicht verwunderlich, dass es ausgerechnet die unregelmäßigen Verben sind, an denen die Bedeutung des Aspektwerts der jeweiligen Verbalstämme besonders deutlich wird, an denen man ihn im wahrsten Wortsinn *sehen* kann.

Nehmen wir daher das unregelmäßigste aller Verben, ὁράω, und sehen uns einen Augenblick nur seine Formen an, wie sie auf den Seiten eines x-beliebigen Lehrbuchs stehen – Präsens, Futur, Aorist, Perfekt, Aorist Passiv:

ὁράω, ὄψομαι, εἶδον, οἶδα, ὤφθην

Ironischerweise bedeutet ὁράω genau das, nämlich »mit den Augen sehen«. Deshalb *macht die Augen auf, und seht genau hin*. Habt ihr es getan? Es ist gar nicht notwendig, Griechisch lesen zu können. Es könnte ebenso gut Japanisch sein. Seht ihr ein einziges Wort, das einem der anderen auch nur im Entferntesten ähnelt? Natürlich nicht. Und das ist auch gut so. Um nicht zu sagen ausgezeichnet.

Und nun macht eine kleine Zeitreise, weit zurück in die Geschichte. Stellt euch vor, ihr seid auf der Agora von Athen und fragt den Ersten, der euch begegnet: »Beim Zeus, wären Sie so freundlich, mir die Formen von ὁράω zu erklären?« Ich bin mir ziemlich sicher, dass der Angesprochene euch für verrückt halten würde oder, schlimmer noch, für Barbaren, sodass ihr als Zwangsarbeiter in den Minen enden oder in Nullkommanichts auf den Märkten als Sklaven verkauft werden würdet.

Mit jedem dieser Verbalstämme korrespondiert eine so unterschiedliche Bedeutung, dass sie ganz unabhängig voneinander verwendet werden. Und es kümmerte niemanden, dass οἶδα von ὁράω kommt. Es ist vergleichbar damit, wie wenig es uns kümmert, dass die Wörter *Anzug, Erziehung* und *Zucht* dieselbe Wurzel haben. Dazu befragt, würden etwa 99 Prozent der Bevölkerung ziemlich sicher Folgendes antworten: »Na und? Was interessiert mich das?«

Wie bereits gesagt, dient Sprache in erster Linie dazu, sich verständlich zu machen. Sehen wir uns also an, was die Griechen unter den verschiedenen Stämmen des Verbs ὁράω verstanden:

– ὁράω, »ich bin im Begriff zu sehen« – einen Apfel, eine schöne Frau, den Himmel, eine Tragödie oder was immer ich möchte.

– ὄψομαι, »ich habe die Absicht zu sehen, ich werde sehen« – dieselben Dinge wie zuvor. Oder sieh dich einfach um.

– εἶδον, »ich sehe«.

– οἶδα, »ich weiß« – weil ich genau hingesehen habe und nun weiß. Punkt. (Wunderschön, nicht wahr? Würde man heute, da alle über alles reden, ohne irgendetwas gesehen zu haben, so vorgehen, wäre die Welt meines Erachtens um einiges besser.)

– ὤφθην, »ich werde gesehen« – und irgendjemand wird dann etwas wissen.

Ein anderes unregelmäßiges und ebenso erhellendes Verb ist »sagen«: Nur im Aorist – εἶπον – hat es diese Bedeutung, während der Präsensstamm zwischen ἀγορεύω, »ich rede in der Öffentlichkeit« (von ἀγορά, »der öffentliche Platz«), und λέγω pendelt, was so viel wie »ich zähle zusammen« heißt. Der Perfektstamm εἴρηκα, »ich habe gesagt, und ihr habt mich folglich gehört«, ist vollkommen unähnlich und hat einen anderen Ursprung.

Die semantische Bandbreite, die wir am Beispiel der Formen von ὁράω gesehen haben, gilt auch für alle anderen altgriechischen Verben. Es geht sogar so weit, dass einigen Verben bestimmte Stämme fehlen, weil sie sich für die damit verbundene Bedeutung nicht eignen. Linguisten sprechen in diesem Zusammenhang von *defektiven Verben*. Ein paar Beispiele gefällig?

Οἰκέω, »ich wohne«, und βασιλεύω, »ich herrsche«, kommen praktisch nur im Präsensstamm vor, weil es sich dabei um andauernde Vorgänge handelt. Entweder du wohnst irgendwo, oder du bist obdachlos. Entweder du bist König, oder du bist es nicht. Θνήσκω, »ich sterbe«, hat hingegen nur den Aoriststamm, weil das Sterben der vielleicht punktuellste Vorgang ist, den es gibt. Dasselbe gilt für βιόω, »ich lebe«, wenn man allein für den Umstand dankbar ist, am Leben zu sein, und es zu genießen weiß, auch wenn vielleicht nicht alles perfekt ist.

Mein Lieblingsverb ἥκω besitzt nur den Perfektstamm, weil es das Resultat des Vorgangs zum Ausdruck bringt, »abgereist und endlich angekommen zu sein«. Ich würde es einfach mit »da bin ich« übersetzen, womit sicher nicht alle Griechischlehrer einverstanden wären. Aber man könnte auch »ich bin angekommen« sagen.

Auch ἔοικα, »ich gleiche«, und δέδοικα, »ich fürchte«, haben nur einen Perfektstamm, weil sie das Ergebnis von etwas sind, das bereits geschehen ist: Ich habe jemanden angesehen, der mich an jemand anderen erinnerte, etwas ist geschehen, und das macht mir Angst. Dies ist der Moment, zu entscheiden, ob ich mutig sein soll oder nicht.

An diesem Punkt angelangt, nimmt unsere Reise Fahrt auf, denn wir kommen nun zur Schilderung der einzelnen Verbalstämme. Genießt die Landschaft. Ach ja, beinahe hätte ich vergessen, euch ein Glas (unverdünnten) Wein anzubieten, mit dem ihr unterwegs anstoßen könnt. Das Folgende gilt übrigens für jeden Modus (Indikativ, Konjunktiv, Optativ, Imperativ, Partizip, Infinitiv und sogar für das Verbaladjektiv – kein Kommentar. Ich weiß, in der Schule lernt man es so gut wie nie, dafür kommt es dann ziemlich sicher in der Abiturprüfung vor).

- **Der Präsensstamm** ist der einfachste und derjenige, den man im Wörterbuch findet. Er bezeichnet eine noch nicht abgeschlossene, also andauernde Handlung. Sie hat keine Auswirkung auf den Sprechenden, weil er sie noch erlebt – ein bisschen à la *carpe diem,* um es auf Latein zu sagen, was nie schaden kann. Man kann ihn mit Adverbien wie »gerade« oder Formulierungen wie »im Begriff sein, etwas zu tun« umschreiben: βιβρώσκω, »ich esse gerade« (ich bin so hungrig!), μιμνήσκω, »ich bin dabei, mich zu erinnern« (was zum Teufel war das?), ἐπιθυμέω, »ich bin im Begriff, mich zu verlieben« (ups!).

- **Der Aoriststamm** repräsentiert das wunderbare Land des ἀόριστος χρόνος, der unbestimmten Zeit. *Aorist* hat tatsächlich diese Bedeutung: »unbegrenzt«, ohne Anfang und ohne Ende. Die Handlung ist punktuell, unabhängig von der Zeit, der Sprechende stellt sich keinerlei Fragen in Bezug auf sie.

Das Wörterbuch

Die Älteren unter uns beschleicht so etwas wie Nostalgie angesichts des mythischen *Rocci,* jenes Griechischwörterbuchs, an dem sich italienische Schüler und Studenten fast achtzig Jahre lang die Augen verdorben haben und das den Optikern auf diese Weise zu guten Geschäften verhalf.

Es war 1939, als der Jesuitenpater Lorenzo Rocci das gleichnamige Lexikon beim Verlagshaus Dante Alighieri veröffentlichte. Bis zum Erscheinen des von Franco Montanari verfassten *GI: Wörterbuch der grie-*

chischen Sprache bei Loescher im Jahr 1995 galt der *Rocci* als *die* italienische Enzyklopädie des Altgriechischen. Mit seinem schlichten Titel *GI* markiert das neue Wörterbuch einen Generationswechsel. Auf der einen Seite stehen diejenigen, die sich mit dem *Rocci* in seinem blauen Einband abmühten und so blind wie Homer wurden, während sie versuchten, die Lemmata zu entziffern, die nicht richtig fett gedruckt waren, sodass sie sich kaum von der übrigen Schrift unterschieden. Es kam einem beinahe so vor, als bestünde das Altgriechische aus einem einzigen Wort, das auf über tausend Seiten erklärt wurde. Auf der anderen Seite finden sich die Privilegierten, die in den Genuss der modernen Grafik des rot eingebundenen *GI* gekommen sind – wie es scheint, sind die neueren Ausgaben sogar mit CD-ROMs ausgestattet. Auf den Fluren der Universität oder bei den Treffen ehemaliger Absolventen altsprachlicher Gymnasien ist es fast schon zu einer politischen Frage geworden, die zwei Lager von Bücherwürmern entstehen lässt: »Benutzt du den *Rocci* oder den *GI*?« Ich persönlich verwende sie beide. Welches, hängt davon ab, ob ich gerade die Brille zur Hand habe oder nicht.

An einigen italienischen Universitäten ist außerdem der *Liddell-Scott* in Gebrauch, ein englischsprachiges Griechischlexikon, das aus dem 19. Jahrhundert stammt und mittlerweile seine neunzehnte Auflage erreicht hat. Erstmals erschienen ist es im Jahr 1819 bei der Oxford University Press. Es wurde mehrfach gekürzt oder erweitert und ist in drei Varianten verfügbar: *The Little Liddell*, *The Middle Liddell* und *The Big Liddell* oder *The Great Liddell*. Er ist ein unübertroffenes Meisterwerk und wurde mit typisch britischer Sorgfalt und Genauigkeit verfasst. Es bedurfte zweifellos einer immensen Anstrengung, jede Bedeutung jedes existierenden griechischen Wortes zu sammeln und seine Verwendung in jedem Kontext darzustellen. Allerdings ist die Verwendung einer dritten Sprache – des Englischen – als Vermittler nicht unproblematisch, wenn es darum geht, den Sinn zweier Sprachen zu erfassen, die so weit auseinanderliegen wie das Altgriechische und das Italienische.

Mir jedenfalls werden für immer bestimmte Übersetzungen des *Rocci* im Gedächtnis bleiben, wie etwa *Wohlgeruch* anstelle von *Duft*.

Der *Rocci* ist zweifellos veraltet, aber dafür bietet er eine weit größere Vielfalt an Synonymen als der *GI*. Und gerade angesichts einer zunehmenden Verflachung der Sprache in der heutigen Zeit wird diese Auswahl umso wertvoller.

Dessen ungeachtet, bleibt jedes Wörterbuch, sei es nun alt oder modern, letztlich ein Käfig aus Wortbedeutungen in einer Sprache, die eben nicht die unsere ist. Es ist ein präziser und akkurater, aber zugleich auch einengender Käfig, der uns die nahezu unendliche Sinnvielfalt vorenthält, mit der jedes dieser Wörter von jemandem benutzt werden kann, der diese Sprache wahrhaftig spricht.

Es ist nur eine Nuance, die das Präsens vom Aorist unterscheidet. Deswegen geht man an den Gymnasien oft darüber hinweg und zwingt die Schüler, den Aorist mit dem Perfekt zu übersetzen – man könnte meinen, die wahren dunklen Jahrhunderte seien die unsrigen. Dabei ist es fahrlässig, ja geradezu armselig, einen altgriechischen Text zu übersetzen, ohne das wahre Wesen des Aorist zu berücksichtigen, das in seiner Unabhängigkeit von jeglichem Zeitbezug zum Ausdruck kommt. Nicht umsonst habe ich in diesem Zusammenhang das wunderschöne französische Wort *Nuance* verwendet, denn so, wie das Meer in den unterschiedlichsten Spielarten von Blau schimmern kann, steht der Aorist für die Schattierungen der altgriechischen Sprache.

Ob nun im Aktiv oder im Passiv (mit seinem Suffix -θην, damit auch das erwähnt ist), der Aorist ist weder eine Gegenwarts- noch eine Vergangenheitsform. Er ist einfach eine Handlung, die sich ungeachtet ihrer möglichen Folgen vollzieht: weil es nämlich keine gibt, warum sollte es auch immer welche geben?

Wir können die Idee der unbestimmten Zeit nur mit einem aktuellen Präsens oder Umschreibungen wie *ich beginne* oder *es gelingt mir, etwas zu tun* ausdrücken. Also haben wir ἐπεθύμησα, »ich liebe«, ὤζησα, »ich dufte«, ἐχαίρησα, »ich bin glücklich«. Das heißt, wenn man liebt, glücklich ist oder duftet, dann ist man es einfach oder tut es einfach.

Der Aorist hat etwas Spektakuläres, ja Atemberaubendes an sich, und wir können nur bedauern, dass er und die Art, sich mit ihm auszudrücken, für immer verschwunden sind. Das Schlimmste an der Sehnsucht nach Dingen, die schon vor langer Zeit verloren gegangen sind, ist der Umstand, dass man sie nicht erlebt hat und niemals erleben wird.

- **Der Perfektstamm** bringt Handlungen zum Ausdruck, die in der Vergangenheit geschehen sind, sich aber noch in der Gegenwart auswirken. Hier wird es kompliziert, denn der Sprechende stellt damit eine ganze Reihe von Fragen in den Raum. Das Perfekt vermischt Gegenwart und Vergangenheit, denn während das Resultat auf den Moment des Sprechens bezogen ist, ist die Handlung selbst dem Sprechen vorausgegangen.

Mit anderen Worten, das Perfekt ist der Wortstamm der *Auswirkungen,* seien sie nun gut oder schlecht (*wir bitten, die Unannehmlichkeiten zu entschuldigen,* wie sie es am Bahnsteig auszudrücken pflegen, wenn etwas schiefgegangen ist, ohne einem jemals mitzuteilen, was genau es war). Deshalb entfernt sich seine Übersetzung bisweilen auch sehr weit von derjenigen des korrespondierenden Präsensstamms, wie die folgenden Beispiele wunderschön zeigen: ριγόω, »ich friere« / ἐρρίγωκα, »ich bin eingefroren«; πέρθω, »ich bin im Begriff zu zerstören« / πέπορθα, »ich habe dem Erdboden gleichgemacht«; ταράσσω, »ich störe gerade« / τέτρηχα, »ich habe ziemlichen Mist angestellt«; μαίνομαι, »ich werde wütend« / μέμηνα, »ich bin rasend vor Zorn«; κτάομαι, »ich bin im Begriff, mir zu verschaffen« / κέκτημαι, »ich habe«. Die Reihe ließe sich endlos fortsetzen.

Verben, die Handlungen ausdrücken, die keine Folgen haben, verfügen hingegen nicht über das Perfekt. An erster Stelle zu nennen ist in diesem Zusammenhang ἐλπίζω, »ich hoffe gerade« (und wer weiß, wie die Sache ausgehen wird). Dasselbe gilt für γελάω, »ich lache gerade«, ἀρκέω, »es genügt« / »genug, mir reicht's«, ὕω, »es regnet«, oder πτάρνυμαι, »ich niese«.

Auch fast alle musikalischen Verben besitzen kein Perfekt, weil das Musikhören aus Sicht der Griechen etwas Einzigartiges, ausschließlich in der Gegenwart Geschehendes darstellt:* von σαλπίζω, »ich spiele

---

* Seit dem Indogermanischen hatte die Musik stets einen momentanen und visuellen Wert, bis hin zu dem Punkt, dass man die Musik »schaute«, so, wie es heute nur anlässlich weniger, unvergesslicher Konzerte geschieht, während man in der Regel aufs »Hören« beschränkt ist. Jede musikalische Aufführung wurde als einzigartig und nicht wiederholbar begriffen, als etwas, das sich weder festhalten noch wegtragen ließ.
Die Musik erforderte Ohren und Augen – eine Bedeutung, die sich in einigen indischen Sprachen erhalten hat. Etwa im Urdu-Wort *junun,* dem »verlockenden Zauber, der von der Musik und einem Blick ausgeht«, das dem musikalischen Meisterwerk von Shye Ben Tzur, Jonny Greenwood und dem indischen Orchester Rajasthan Express seinen Namen gegeben hat.

Trompete«, bis zu ἀλαλάζω, »ich stimme den Kriegsgesang an«.

Was gibt es Schlimmeres als eine in der Vergangenheit ausgeführte Handlung, die sich bis in die Gegenwart auswirkt? Das *Plusquamperfekt* natürlich, wenn Handlungen aus der Vergangenheit Konsequenzen in einer anderen Vergangenheit haben, die noch die Gegenwart beeinträchtigen. Das Plusquamperfekt ist nichts anderes als eine verschärfte Version des Perfekts, von dessen Stamm es abgeleitet ist. Es wurde im Altgriechischen nur selten verwendet, denn die Griechen nahmen das Leben leicht und redeten aufrichtig. Keine Sorge also, wenn überhaupt, begegnet man ihm nur in der Abiturprüfung.

Noch seltener ist das Futurperfekt. Sollte es euch tatsächlich im Abitur begegnen, dann ist das ein Zeichen für ein schlechtes Karma. Folgen eines gegenwärtigen Geschehens in die Zukunft zu projizieren war eher nichts für die Griechen, die schon mit dem herkömmlichen Futur haderten. Dennoch kann ich euch eine kurze Darstellung des griechischen Futurs nicht ersparen.

- **Der Futurstamm** existiert eigentlich nicht, also Ende der Geschichte.

Das Futur wird aus dem Präsensstamm gebildet. Ja, das altgriechische Futur verfügt nicht über Aspekte, sondern dient – wie auch noch im Neugriechischen – eher dazu, einen Wunsch zu formulieren. Tatsächlich entstammt das Futur einem Konjunktiv, der einen Wunsch, ein Begehren oder ein Bestreben zum Ausdruck brachte, wie zum Beispiel »könnte ich doch nur glücklich sein« oder »ich möchte so gerne glücklich sein«. Die Form ist dann dazu verwendet worden, um die Erwartung einer Tatsache auszudrücken, die sich erst noch ereignen musste, also etwas Ähnliches wie das Futur, wie wir es verstehen (nur mit weniger, sehr viel weniger Erwartungen verbunden ...). Nehmen wir zum Beispiel χαιρήσω, das Futur von χαίρω, »ich bin glücklich«, das ursprünglich »ich will glücklich sein« bedeutete.

Diese Beschaffenheit des Futurs zeigt sich in aller Deutlichkeit im Neugriechischen. Da kein Futurstamm existierte, musste die moderne Gesellschaft ihn erfinden. Und das hat sie mithilfe einer Umschreibung getan, die aus θα, also dem Verb »wollen«, und einem darauf folgenden Infinitiv besteht.

Durch und durch zuversichtlichen Menschen wie den alten Griechen wäre es niemals in den Sinn gekommen, nach dem *Wie* im Futur zu fragen, denn das war etwas, das es zu erleben galt. Und sobald es erlebt wurde, griffen die Griechen auf das Präsens, den Aorist und das Perfekt zurück, um davon zu berichten.

Kommen wir zum Abschluss noch zu einem der schönsten altgriechischen Wörter: μέλλω, das für die simple Idee des Futurs steht und in einem schlichten Präsens mit »ich bin im Begriff« oder »ich beabsichtige« zu übersetzen ist. *Ich bin in der Gegenwart im Begriff,* das reicht vollkommen. Μέλλω besitzt keine anderen Stämme, es ist Präsens und Futur zugleich. *Im Begriff sein*. Leben. Zuversichtlich sein. Denn wer nicht zuversichtlich ist, bleibt stehen. Punkt.

Nun, wo wir sehen, wie es den Griechen gelang, einander zu verstehen, ohne sich den Zwängen des Tempus zu unterwerfen, müssen wir nur noch verstehen, warum *wir sie nicht mehr verstehen*. Was ist geschehen mit dieser eleganten Sprache, die den großen Vorzug hatte, angesichts eines Ereignisses nicht nach dem *Wann*, sondern stets nach dem *Wie* zu fragen? Was ist diesem etwas bizarren, aber wunderschönen System aus Wortstämmen und Aspekten zugestoßen? Und vor allem, wie konnte es passieren, dass die Griechen Gefangene der Zeit wurden?

Die Antwort, die seit nunmehr zweitausend Jahren kursiert, ist immer dieselbe: Barbaren.* Doch

---

* Die Etymologie des Wortes *Barbar*, βάρβαρος, ist eindeutig sozial und linguistisch konnotiert. Es ist ein sehr nationalistischer und leider auch sehr zeitgemäßer Begriff, wenn man sich die stacheldrahtbewehrten Mauern an den Grenzen vor Augen hält, hinter denen wir uns gegenwärtig einzuschließen versuchen. Für einen Griechen war derjenige ein Barbar, der *ba-ba* oder *bar-bar* redete – also jemand, der die ehrwürdige griechische Sprache nicht beherrschte und dessen Gebrabbel man schlicht nicht verstand. Dabei interessierte es nicht, ob dieser Barbar vielleicht auf einer Insel in unmittelbarer Nachbarschaft lebte. Obwohl die Griechen vor Alexander dem Großen niemals so etwas wie territoriale oder politische Einheit kannten, haben sie sich immer als *Volk* ein und derselben *Nation* erst, wenn wir uns den sozialen Wert von Sprache und den Umstand bewusst machen, dass sich eine Sprache verändert, sobald sich die kommunikativen Bedürfnisse derjenigen ändern, die sie benutzen, können wir erkennen, was sich unter der Oberfläche dieser Aussage verbirgt, nämlich gesellschaftlicher Wandel.

Es war also nicht alles die Schuld Alexanders des Großen. Die Angliederung Griechenlands an das riesige makedonische Reich war nur der Motor – und eine willkommene Ausrede – für einen umfassenden sprachlichen Wandel, der zu diesem Zeitpunkt jedoch bereits im Gange gewesen sein muss. Es ist nämlich undenkbar, dass die Griechen innerhalb von nur zehn Jahren eine Sprache veränderten, in der ihre Politik, ihre Kultur oder ihre Gesetze zum Ausdruck kamen und in der sie die Philosophie, die Mathematik, die Astronomie oder das Theater über Jahrhunderte hinweg entwickelt hatten.

Später werde ich noch über die κοινή sprechen, jene *Lingua franca,* die wie ein Phönix aus der Asche des attischen Dialekts gestiegen ist und die von der Zeit Alexanders bis zum Fall des Byzantinischen Reiches im Jahr 1453 fast überall verstanden wurde – ein Datum, das gemeinhin als Geburtsstunde der neugriechischen Sprache angesehen wird.

---

begriffen, geeint durch eine starke gemeinsame kulturelle, religiöse und soziale Identität, die es ihnen erlaubte, sich sprachlich von allen anderen, *barbarischen* Völkern abzugrenzen.

Das also war das Schicksal des altgriechischen Verbs und seiner Stämme – ein Vorgang, der zugleich den Beginn unseres Nichtverstehens markiert. Die Sprecher der κοινή müssen beim Anblick einer altgriechischen Grammatik dasselbe gedacht haben wie heutige Gymnasiasten: Diese Verben sind viel zu schwierig. Auch sie verstanden sie nicht besonders gut. Um nicht zu sagen gar nicht.

Mit anderen Worten: Genauso wie schon einmal zu Zeiten Homers wurde auch jetzt die neue Sprache gesellschaftlichen Notwendigkeiten angeglichen. Nur dass die Anpassung diesmal auf einem nicht so hohen sprachlichen Niveau erfolgte und sehr viel weitreichender war, denn sie musste ein Gebiet abdecken, das von Griechenland bis nach Indien reichte.

Zunächst wurden alle Unregelmäßigkeiten beseitigt, um die Konjugation der Verben so einfach wie möglich zu gestalten. Dadurch verschwanden die Eigentümlichkeiten, für die ich so dankbar bin, weil sie uns heutzutage erlauben, etwas zu *spüren,* das wir auf sprachlicher Ebene ansonsten nicht mehr spüren könnten. Der Aspekt ging verloren und wurde gegen das Tempus eingetauscht. Das Präsens blieb erhalten, wurde jedoch auf seine einfachste Form reduziert und verlor seinen durativen Wert. Unregelmäßige Verbalstämme? Nicht doch. Vereinfachung, Regulierung war das Grundprinzip.

Auch der Aorist blieb erhalten, doch sein Widerstand ist im Grunde eine Art Kapitulation. Da das

Perfekt einfach weggewischt wurde,* trägt der Aorist nun die ganze Last der aspektischen Bedeutung und verliert dabei seine eigene. Um deutlich zu machen, was geschehen ist: An der Abzweigung zur κοινή tauschen Perfekt und Aorist ihre jeweiligen Aspekte und gehen anschließend ihrer Wege. Während der Perfektstamm in den Abgründen der Sprachgeschichte verschwindet, setzt der Aorist seinen Weg ins Neugriechische fort, bis er mehr und mehr unserem heutigen Perfekt ähnelt. Auf diese Weise wurden aus den Überresten des Aorist auch Verben mit den entsprechenden Formen versehen, die von Natur aus gar keinen Perfektwert besaßen.

Und das Futur? Auch die Zukunftsform ist verschwunden. Allerdings hat sie ja auch nie wirklich existiert.

Wie sah man also die Welt, und wie fasste man sie in Zeiten der κοινή in Worte? Mit nur zwei Verbalstämmen, die noch dazu in zwei verschiedenen, gegnerischen Mannschaften spielten. Ein Derby, Präsens gegen Aorist (mit Vergangenheits- beziehungsweise perfektischer Bedeutung), in dem der einzige Sieger das Tempus ist, wie wir es heute kennen und dem wir uns unterwerfen.

Zu Beginn dieses Prozesses ist der Aspektwert noch so etwas wie eine verworrene Erinnerung an die

---

* Die einzigen Formen des Perfektstamms, die bis heute überlebt haben, sind das Partizip Passiv γραμμένος, »geschrieben«, und – ironischerweise – πεθάμενος, »gestorben«.

eigene Kindheit, eine Erzählung der Großeltern über alte Zeiten, die wir selbst nicht erlebt haben. Schließlich verschwindet der Aspekt jedoch und versinkt in der Vergessenheit, bis nichts mehr von ihm bleibt.

Seit damals ist man von der *Entwicklung* der Dinge zu ihrem *Zeitpunkt* übergegangen. Man ist vom *Wie* zum *Wann* übergewechselt. Wir *sehen nicht mehr, um zu verstehen,* was zwischen jedem Anfang und jedem Ende geschieht, sondern ordnen alles in das Schema von Vergangenheit, Gegenwart und Zukunft ein. Und seit dem Ende des Aspekts sind wir Gefangene der Zeit und verklebter Erinnerungen.

Das Schweigen des Altgriechischen.
Klänge, Akzente, Spiritus

> *Was andere ernten, bleibt uns verwehrt,*
> *Kennern einer anderen Sprache.*
> *Wenn andere für uns säen,*
> *sind wir für immer auf Reisen.*
>
> *Welchen Sinn hat es anzulegen, wenn wir landen*
> *immer in andren Häfen?*
> *Was bleibt sind die Verse, Irrlichter*
> *flüchtig über der Stadt der Toten.*
>
> MARIA LUISA SPAZIANI,
> aus *L'occhio del ciclone*

»Die archäologischen Überreste sind stumm.« So schreibt es der geniale Antoine Meillet, einer der größten Gelehrten der altgriechischen Sprache, in seinem *Aperçu d'une histoire de la langue grecque*.

Man könnte es aber auch *das Schweigen des Altgriechischen* nennen.

Wir können niemals sicher sein, wie genau die altgriechischen Wörter ausgesprochen wurden. Die Klänge des Altgriechischen sind zusammen mit den Sprechern für immer verschwunden. Wir besitzen die literarischen Texte, die wir lesen und studieren, aber nicht aussprechen können. Sie sind stumm zu uns gekommen. Sie wurden zum Schweigen gebracht und haben keine Stimme.

Die Aussprache eines Wortes ist ein körperlicher, ein *menschlicher* Vorgang. Damit ein Lufthauch mit einer gewissen Intensität und Dauer vibrieren kann, müssen die Sprechorgane eine ganz bestimmte Position einnehmen. Für die Aussprache des Altgriechischen gibt es allerdings nur schriftliche und keine *menschlichen* Quellen. Quellen, die nicht atmen und folglich keine Laute hervorbringen können. Quellen, die *reden,* ohne zu *sprechen*. Durch Annäherungen und Versuche ist im Laufe der Jahrhunderte eine Aussprache des Altgriechischen festgelegt worden, um die Worte nicht nur im Geist lesen, sondern sie auch *sagen* zu können. Aber der wahre Klang des Altgriechischen ist verschwunden. Die ursprüngliche Aussprache der Wörter ist ein weiterer Splitter dieser verloren gegangenen Sprache.

Das Alphabet, in dem wir heute die griechischen Texte lesen, entspricht der im Jahr 403/402 v. Chr. offiziell in Athen eingeführten ionischen Version. Es besteht aus vierundzwanzig Buchstaben – auf Griechisch τὰ γράμματα, vom Verb γράφω, »schreiben«. Es gibt sieben Vokale – auf Griechisch τὰ φωνήεντα, »die Widerhallenden«: α, »Alpha«; ε, »Epsilon«; η, »Eta«; ι, »Iota«; ο, »Omikron«; υ, »Ypsilon«; ω, »Omega«. Hinzu kommen siebzehn Konsonanten – auf Griechisch τὰ σύμφωνα, »die Zusammenklingenden«: β, »Beta«; γ, »Gamma«; δ, »Delta«; ζ, »Zeta«; θ, »Theta«; κ, »Kappa«; λ, »Lambda«;

μ, »My«; ν, »Ny«; ξ, »Xi«; π, »Pi«; ρ, »Rho«; σ, »Sigma«; τ, »Tau«; φ, »Phi«; χ, »Chi«; ψ, »Psi«. Vom Namen der beiden ersten Buchstaben ἄλφα und βῆτα kommt das Wort ἀλφάβητος, »Alphabet«.

Was geschieht, wenn von einer Sprache zwar die Worte erhalten geblieben sind, man aber keine klare Vorstellung von ihrer Aussprache hat? Vom Altgriechischen ist uns das schriftliche Alphabet geblieben, nicht jedoch der Klang der Buchstaben. Im Gegensatz zu den Indern und ihrem Sanskrit hatten die Griechen keine Phonetiker, die aufs Genaueste die Aussprache analysiert und detaillierte Beschreibungen davon hinterlassen haben. Hinzu kommt, dass sich die Laute des Griechischen nicht nur von der Archaik bis in die byzantinische Zeit stark veränderten, sondern auch zwischen den unterschiedlichen Dialekten beträchtlich variierten.

Stellt euch für einen Augenblick einmal alle heutigen deutschen Dialekte vor. Wenn sie plötzlich verschwinden würden, es niemanden mehr gäbe, der Bayerisch oder Sächsisch spricht, und auch keine exakten schriftlichen Aufzeichnungen, wie könnten wir den Klang unserer Worte dann überliefern?

Die Schrift

Das erste überlieferte Schriftzeugnis in griechischer Sprache stammt aus mykenischer Zeit (15. Jahrhundert v. Chr.). Im 19. Jahrhundert unserer Zeit entdeckte der Archäologe Arthur Evans im sogenannten Palast des Minos in Knossos auf Kreta eine größere Zahl von Tontafeln, die mit einer als *Linear B* bezeichneten Silbenschrift bedeckt waren. Ihren Namen erhielt die Schrift, um sie von dem ebenfalls auf Kreta entdeckten *Linear A* zu unterscheiden. Weitere in *Linear B* beschriftete Täfelchen kamen in den mykenischen Palästen auf der Peloponnes (Pylos und Mykene) sowie im kontinentalen Griechenland (Theben und Eleusis) ans Licht.

Während das *Linear A* nach wie vor ein Mysterium darstellt, gelang es dem Linguisten John Chadwick, das *Linear B* im Jahr 1953 zusammen mit dem Architekten und Sprachforscher Michael Ventris zu entziffern. Es ist die Schrift Griechisch sprechender Eroberer, Nachfolgern der minoischen Kultur. Bei den Tafeln handelt es sich um Dokumente der Palastbürokratie, die vor allem Listen von Namen, Gegenständen, Abgaben und Besitzungen enthalten. Erhalten geblieben sind die aus getrocknetem Ton hergestellten Tafeln nur deshalb, weil sie durch die mit dem Zusammenbruch der mykenischen Palastkultur einhergehenden Brände konserviert wurden.

Am Ende der mykenischen Epoche verschwand die Schrift für lange Zeit aus Griechenland. Nicht umsonst bezeichnet man diese Epoche als die *Dunklen Jahrhunderte*. Sie erscheint erst wieder mit Einführung der phönizischen Buchstabenschrift, deren erste Zeugnisse auf das 8. Jahrhundert v. Chr. zurückgehen. Just das Jahrhundert also, in dem sich – wenn zunächst auch nur mündlich – die homerischen Epen verbreiteten. Das phönizische Alphabet enthielt zweiundzwanzig konsonantische Zeichen, jedoch keine Vokale. Die Griechen übernahmen die phönizischen Buchstaben, wandelten diejenigen, die in der griechischen Sprache nicht existierende Laute bezeichneten, in Vokale um und fügten Zeichen für die Doppellaute hinzu (ξ, φ, χ, ψ). Außerdem änderten sie die Schreibrichtung und schrieben nun anders als die Phönizier nicht mehr von rechts nach links, sondern von links nach rechts. In archaischer Zeit gab es im Griechischen allerdings auch das *Bustrophedon,* eine Schreibweise, bei der die Richtung in jeder Zeile wechselt. Die Bezeichnung bedeutet wörtlich »ochsenwendig« und geht auf den Vorgang des Pflügens zurück, wenn der »Ochse«, βοῦς, am Ende jeder Furche die Pflugrichtung ändert und sich »umwendet«, στρέφω.

Das griechische Buchstabenalphabet phönizischer Herkunft war einfacher und leichter zu handhaben als die Silbenschrift. Sehr viel mehr Menschen konnten nun die Zeichen im Gedächtnis behalten und lernen, sie zu reproduzieren. Dieser Vorgang war fundamental für die Verbreitung der Lese- und Schreibfähigkeit in der Welt sowie für die Herstellung und Überlieferung von Texten.

Im Jahr 403/402 v. Chr. wurde auf Antrag des Archinos in Athen und den verbündeten Städten das ionische anstelle des attischen Alphabets als verpflichtend für öffentliche Dokumente eingeführt. Dank der kulturellen Hegemonie Athens verbreitete sich dieses Alphabet anschließend in der gesamten griechischen Welt. Vom 3. Jahrhundert v. Chr. an ist das »athenische« Alphabet bis nach Zypern gelangt, wo man bis dahin eine dem *Linear A* vergleichbare Silbenschrift verwendet hatte. Zuvor schon hatten die Griechen das Alphabet auch an jene Völker übermittelt, mit denen sie in Kontakt getreten waren, darunter die Italiker in den vielen griechischen Kolonien. Die Etrusker überarbeiteten das griechische Alphabet und vermittelten es ihrerseits an benachbarte Volksgruppen, was schließlich zur Entwicklung der lateinischen Schrift führte.

Viele Jahrhunderte später, im Jahr 850 n. Chr., beauftragte der byzantinische Kaiser zwei Brüder aus Saloniki, Kyrillos und Methodios, mit der Bekehrung der slawischen Völker zum Christentum. Kyrillos erschuf zu diesem Zweck ein auf der griechischen Kursivschrift basierendes Alphabet, das er den Slawen übermittelte. Später übernahm die slawische Welt in Anlehnung an die griechische Großbuchstabenschrift das noch heute gebräuchliche Alphabet, das fälschlicherweise dem heiligen Kyrillos zugeschrieben und daher *kyrillisch* genannt wird.

Dasselbe Szenario kann man auf das Altgriechische anwenden, dessen ursprüngliche Aussprache wir – wie schon gesagt – nicht reproduzieren können. Nicht nur, dass wir sie nicht kennen: Selbst wenn wir es täten, über viele phonetische Merkmale des Altgriechischen verfügen wir gar nicht. Die griechischen Wörter sind heute so stumm wie die Marmorstandbilder auf der Akropolis, die wortlos von einer außergewöhnlichen Welt berichten.

Was wir wissen, ist, dass das Altgriechische eine überaus musikalische Sprache war. Das Wort, das die Modulation des Akzents anzeigt, Prosodie, kommt vom Griechischen πρός ᾠδία, was so viel wie »Gesang« bedeutet. Auch das lateinische *accentus* ist aus *ad cantus* gebildet.

Die Lautmalereien

Ebenso selten wie seltsam sind die überlieferten Lautmalereien, die zumindest eine gewisse Vorstellung davon geben, wie das Altgriechische ausgesprochen wurde. So wissen wir, dass im Griechischen das Schaf βῆ βῆ, »bäh bäh«, machte und der Hund βαύ βαύ, »bau bau«, woraus das Verb βαΰζειν, »bellen«, wurde. Und um Schmerz oder Verwunderung auszudrücken, sagte man αἰαῖ, »ahiai!«, oder οἴ, »ohi!«. Interessant ist, dass der größte Teil der Lautmalereien in Europa auf das Altgriechische zurückzugehen scheint. So machen Hunde in fast allen romanischen Sprachen noch immer *bau bau* und Schafe *bäh bäh*. Im Englischen hingegen machen kleine Hunde *arf arf,* während große *bow wow* und Schafe *baa* von sich geben. Auf Russisch macht der Hund *gav gav,* auf Japanisch das Schaf *meh meh* und so weiter. Natürlich bellen Hunde und mähen Schafe überall auf der Welt auf dieselbe Weise. Unterschiedlich sind nur die Lautmalereien, mit denen die Tierlaute wiedergegeben werden, was nicht an den Möglichkeiten der menschlichen Lautorgane, sondern am Lautinventar der jeweiligen Sprache liegt.

Im Unterschied zu einem Großteil der europäischen Sprachen war die Betonung des Griechischen (ὁ τόνος) nicht dynamisch, sondern melodisch, ähnlich wie das im Chinesischen und Japanischen oder bei vielen afrikanischen Sprachen der Fall ist. Die Betonung wurde nicht durch die Intensität, sondern durch Klang des hervorgebrachten Lauts beziehungsweise seine Dauer und Schwingung erzeugt. Es war eine musikalische Sprachfärbung. Der betonte Vokal wurde nicht durch eine Verstärkung der Stimme, sondern durch eine höhere Tonlage hervorgehoben. Eine betonte Stimme war höher als eine unbetonte, und die Betonung veränderte die Bedeutung. So kann man Wörter wie τόμος, »Schnitt«, und τομός, »scharf«, nur aufgrund ihrer Betonung beziehungsweise der Position des Akzents unterscheiden.

Das Altgriechische war jedoch nicht nur eine musikalische, sondern auch eine sehr rhythmische Sprache. Der Rhythmus des Altgriechischen basiert auf dem Wechsel von langen und kurzen Silben. Das zeigt die griechische Musik, ein für uns heute unlesbarer und nicht reproduzierbarer Schatz, wie zum Beispiel die in Delphi entdeckten Hymnen, die dazu bestimmt waren, gespielt und gesungen zu werden. Jeder griechische Vokal kommt in einer kurzen (ῐ, ε, ᾰ, ο, ῠ) und in einer langen Version vor (ῑ, η, ᾱ, ω, ῡ). Indem sich α, ι, ε und υ miteinander verbinden, bilden sie Diphthonge, also Vokalpaare, die – ähnlich wie auch im Deutschen – eine eigene Silbe darstellen (vom Griechischen δίφθογγος, »Doppellaut«). Eine Silbe ist *ihrer Natur nach* kurz, wenn der Vokal kurz ist und keine Konsonanten auf ihn folgen. Und eine Silbe ist *ihrer Natur nach* lang, wenn das vokalische Element lang ist oder Konsonanten darauf folgen. Für die Festlegung der Betonung zählen einzig und allein die *ihrer Natur nach* langen und kurzen Silben beziehungsweise ihre *Dauer*.

Dieses rhythmische und musikalische, dem Indogermanischen entstammende Lautsystem war äußerst stabil und überdauerte viele Jahrhunderte. Obwohl sie für uns heutzutage unzugänglich ist, war die Aussprache des Altgriechischen für die alten Griechen selbst schlüssig und eindeutig. Kurz oder lang, betont oder unbetont, alle Vokale wurden ohne Schwierigkeit herausgehört, denn alle Silben waren klar angeordnet.

Die musikalische Betonung und der Rhythmus der Sprache existierten in dieser Form bis ins 2. Jahrhundert n. Chr., als das Wissen um die Vielfalt der Vokale allmählich verloren ging und sich eine dynamische Betonung nach Art des Neugriechischen durchzusetzen begann. Die Vokale sind nicht länger *ihrer Natur nach* kurz oder lang, sondern werden es durch eine stärkere oder geringere Betonung. Noch heute werden die betonten Vokale im Neugriechischen mit angehobener Stimme ausgesprochen – die Betonung mittels Tonhöhe ist also nicht verschwunden. Verschwunden ist hingegen das Konzept der *Tondauer*.

Schon im 3. Jahrhundert n. Chr. werden auf griechischen Inschriften lange und kurze Vokale verwechselt, ε steht anstelle von η oder ο anstelle von ω. Der Sprachrhythmus hat sich verändert, aber die Schrift lässt nichts dergleichen vermuten. Wie bei jedem unumkehrbaren linguistischen Wandel wird den Sprechenden die Veränderung nicht einmal bewusst gewesen sein. Und so ist das griechische Alphabet für uns auf ewig stumm geworden, obwohl seine äußere Form seit Jahrtausenden unverändert geblieben ist.

Das Alphabet hat die Geschichte also unbeschadet überdauert. Dennoch hat der Umstand, dass die ursprüngliche Aussprache für immer verloren ist, über die Jahrhunderte auch die Schreibweise des Griechischen verändert. Selbst ordentlich auf Papier gedruckte, mit Leer-, Satz- und diakritischen Zeichen versehene griechische Texte zu lesen fällt uns schwer. Das ist jedoch nichts im Vergleich zu den Primärquellen, den Papyri und Inschriften, auf denen die griechischen Texte überliefert sind. Sie zeichnen sich nämlich durch eine völlig andere Schreibweise aus, die für uns heute unverständlich ist. (Deshalb genügen das Abitur an einem altsprachlichen Gymnasium und selbst ein Magister in Altphilologie eben längst nicht, um die Inschriften auf der Akropolis in Athen zu verstehen.) Bis zum 3. Jahrhundert v. Chr. war in Griechenland die *Scriptio continua,* also eine Schreibweise ohne Worttrennung, nur mit Großbuchstaben und ohne diakritische Zeichen, gebräuchlich (von διακριτικός, »unterscheidend«). Mit anderen Worten: Für heutige Augen scheint ein originaler griechischer Text aus einem einzigen, nicht enden wollenden unverständlichen Wort aus Großbuchstaben zu bestehen. Es ist zum Verzweifeln.

Als sich die bis heute in unseren Büchern gebräuchliche Schreibweise mit Kleinbuchstaben zu verbreiten begann, erkannten die Griechen die Notwendigkeit, Texte leichter entzifferbar zu machen, und führten Satzzeichen ein. Es waren die Grammatiker der Bibliothek von Alexandria in Ägypten, die in hellenistischer Zeit die bis heute gültigen Zeichen kodifizierten: Spiritus, Akzente und Satzzeichen, deren beständiger – *normaler* – Gebrauch sich allerdings erst Jahrhunderte später durchsetzte.

Es ist also das Verdienst der Alexandriner, wenn wir heute griechische Texte auf so bequeme Weise lesen können. Ihnen verdanken wir die Zeichen, die uns helfen, das Altgriechische zu verstehen, weshalb ich sie im Folgenden kurz beschreiben möchte.

- **Der Spiritus**, auf Griechisch πνεῦμα, »Hauch«, zeigt an, ob ein am Anfang eines Wortes stehender Vokal oder Diphthong aspiriert, also »angehaucht« wird oder nicht. Er kann rau (‘) oder leicht (’) sein. Im ersten Fall wird das infrage kommende Wort im Anlaut mit einer Aspiration ausgesprochen, die dem deutschen »h« nicht unähnlich ist, wie etwa beim Wort ὕπνος (»Schlaf«). Der zweite Fall hat etwas Originelles, weil das Griechische nämlich auch das kennzeichnet, was gar nicht da ist. Der *Spiritus lenis* zeigt nämlich die *Abwesenheit einer Aspiration* an, so wie bei dem Wort εἰρήνη (»Frieden«).

Die Aspiration schwächte sich im Laufe der Jahrhunderte ab, verschwand aus der Gemeinschaftssprache (κοινή) und ist dem Neugriechischen vollkommen fremd. Im Lateinischen hingegen hat sie sich in der Transkription der griechischen Wörter erhalten. Deshalb schrieben die Römer Homerus mit »H«, denn der Name Ὅμηρος, »Homer«, war im Griechischen mit einem *Spiritus asper* versehen.

- **Der Akzent,** der ja melodischer Natur und vom Wort für »Gesang« abgeleitet ist, wird auf den betonten Vokal eines Wortes gesetzt. Er tritt in drei Erscheinungsformen auf, nämlich als Akut ('), Gravis (`) oder Zirkumflex (^). Wie das nach oben weisende Zeichen verdeutlicht, zeigt der Akut die Anhebung einer Silbe an, während der nach unten weisende Gravis für eine Absenkung der Silbenbetonung steht. Der Zirkumflex hingegen setzt sich aus einem Akut und einem unmittelbar darauffolgenden Gravis zusammen. Er steht für eine Anhebung des Tons, auf die eine plötzliche Absenkung folgt. Da er einen aus zwei Geschwindigkeiten bestehenden Doppelrhythmus ausdrückt, kann der Zirkumflex nur über langen Vokalen erscheinen. Akut und Gravis hingegen können sich auf jeder Art von Vokal befinden.

- **Der Apostroph** ('), im Griechischen ἀποστροφή, »Abweichung«, oder ἔκθλιψις, »Ausschluss«, zeigt die Elision, also das Wegfallen des finalen Vokals an, wenn auch das folgende Wort mit einem Vokal beginnt. So muss es zum Beispiel οὐδ'αὐτός anstatt οὐδέ αὐτός heißen.

- **Das Iota subscriptum** ist ein kleines Iota, das unter die langen Vokale ᾳ, ῃ und ῳ geschrieben wird. Es zeigt an, dass in klassischer Zeit ein Diphthong existierte, dessen zweiter Vokal ι sich so weit abschwächte, bis er irgendwann nicht mehr ausgesprochen und deshalb häufig weggelassen wurde. In byzantinischer Zeit begann man dann, das fehlende Iota unter den verbliebenen Vokal des Diphthongs zu schreiben, anstatt daneben. Heutzutage wird das *Iota subscriptum* beim Lesen nicht mehr ausgesprochen.

- **Die Satzzeichen** umfassen das Komma (,) und den Punkt (.), wie sie auch im Deutschen gebräuchlich sind. Großbuchstaben finden sich im Griechischen nicht am Beginn jedes Satzgefüges, sondern nur am Anfang größerer Einheiten, etwa vor Kapiteln oder längeren Abschnitten. Hinzu kommt der Hochpunkt (·), der in etwa die Funktion eines Semikolons hat. Im Griechischen hingegen entspricht das Semikolon (;) unserem Fragezeichen. Um uns die Lektüre zu erleichtern, fügen moderne Editoren darüber hinaus häufig weitere Zeichen wie den Doppelpunkt ein.

Heute sind wir den Alexandrinern natürlich dankbar, dass sie die Mühe auf sich genommen haben, das Altgriechische so gewissenhaft mit Spiritus, Akzenten und Satzzeichen zu versehen, um uns das Verständnis der Sprache zu erleichtern. Leider geht mit unserer Dankbarkeit jedoch eine ebenso große Begriffsstutzigkeit einher. Um in den Genuss der Hilfe der diakritischen Zeichen zu gelangen, müssten wir sie nämlich erst einmal verstehen. Und das tun wir häufig ganz und gar nicht. Dadurch werden die Zeichen, die das Verständnis eigentlich erleichtern sollten, zu einer weiteren Hürde, die den vermeintlichen Vorteil in einen Nachteil verwandelt.

Natürlich stellen uns nicht schon Kommas, Leerzeichen und Apostrophe vor Probleme. So weit reicht es gerade noch. Ganz anders verhält es sich hingegen mit Spiritus und Akzenten. Das Alphabet ist das Erste, was man im Griechischunterricht auf dem Gymnasium lernt. Ich erinnere mich an den Stolz und die Freude, die ich dabei empfand, ein zweites Mal im Leben lesen und schreiben lernen zu dürfen. Ich weiß noch, wie aufgeregt ich war, als ich mit ungeübter Hand die ersten griechischen Klein- und Großbuchstaben zu Papier brachte. Es war so ungeheuer befriedigend, die ersten Silben zusammenzufügen oder meinen eigenen Namen in diesem fremden Alphabet zu schreiben, um ihn dann voller Genugtuung Freunden und Eltern zu zeigen. Das erste, mit unsicherer, aber lauter Stimme gesprochene Wort löste große Zufriedenheit in mir aus. Stolz, Freude, Befriedigung, Genugtuung und Zufriedenheit halten jedoch nur so lange an, bis man das Lehrbuch aufschlägt und sich einem Thema gegenübersieht, das zu Beginn jeder anständigen Grammatik behandelt wird: der Lautlehre. Es war dieses Kapitel, das mich zu einer Erkenntnis brachte, die meiner mädchenhaften Freude ein schmerzliches Ende bereitete. Es reicht nicht, *nur* das Alphabet zu kennen, um Griechisch lesen und schreiben zu können. Man muss auch die Gesetze lernen, auf denen Akzente und Spiritus basieren.

Und genauso heißen sie auch, *Lautgesetze* – was schon darauf hindeutet, dass man zunächst *Pflichten* erfüllen muss, um in den Genuss der *Rechte* zu kommen. Nur dass diese *Rechte,* also die Verständnishilfen, sich fast immer als nutzlos erweisen, weil wir sie eben nicht mehr verstehen. Mir ist noch nie ein Schüler eines altsprachlichen Gymnasiums begegnet, der angesichts der Akzentregeln nicht unsicher, hilflos oder verzweifelt gewesen wäre. Ich jedenfalls war ziemlich begriffsstutzig, was das betrifft, und bin es bis heute geblieben.

Ich erinnere mich noch gut an den ersten Test in meinem ersten Jahr auf dem Gymnasium, an die Perfektion, mit der ich die von der Lehrerin verlangten Verben und Substantive niedergeschrieben, konjugiert und dekliniert habe. Ich weiß sogar noch, welche es waren, und werde es wohl niemals vergessen, nämlich das Verb γράφω, »schreiben«, und das Substantiv ἡ οἰκία, »das Haus«. Vor allem aber erinnere ich mich an die blinde Verzweiflung, die mich erfasste, als mir einfiel, dass ich diese Wörter ja auch noch *betonen* und *behauchen* musste – *behauchen,* was für ein Wort. Gespenstisch. Die Pausenklingel ertönte, und meine Arbeit war perfekt, fehlerlos, hätte dem Lehrbuch alle Ehre gemacht. Aber ... es fehlten die Spiritus und Akzente. In einer Klasse voller Vierzehnjähriger, die sich gewöhnlich am Unglück anderer ergötzten, wäre es einer öffentlichen Demütigung gleichgekommen, während einer Klassenarbeit hilfesuchend aufzusehen. »Ich schaff's nicht«, dachte ich nur. »Ich bin verzweifelt, ich könnte heulen.« Also hielt ich den Blick fest auf das Blatt vor mir gerichtet und wog hastig meine Möglichkeiten ab.

Sollte ich die Wörter verstümmelt, ohne Spiritus und Akzente belassen? Unmöglich. Das wäre so, als probierte man in einem Luxusladen mit löchrigen Strümpfen Schuhe an. Oder sollte ich einfach raten und sie nach dem Zufallsprinzip setzen? Ich versuchte, mich daran zu erinnern, was ich über Akzente und Spiritus gelernt hatte, und das war nicht gerade viel. Ich wusste noch, dass es sich beim *Spiritus lenis* um den bauchigen handelte und der *Spiritus asper* folglich der magere sein musste, aber wie zum Teufel setzte man sie?

Bei den Akzenten war es noch schlimmer, es gab keine Eselsbrücke für die Unterscheidung von *Akut* und *Gravis*. Der Genitiv Plural schied aus, denn der verlangte nach einem Zirkumflex, so viel stand fest. Aber was war mit dem Dual? Für einen Moment wurde ich von einem tiefen Zorn auf die Alexandriner erfasst, die sich Akzente und Spiritus ausgedacht hatten, obwohl die Griechen sie doch ursprünglich gar nicht verwendeten. Vielen Dank auch dafür. Aber die Mühe hättet ihr euch nicht machen müssen – ich komme auch ganz gut ohne klar. Doch schließlich ergab ich mich in mein Schicksal, die Zeit drängte. Mit ernster Miene platzierte ich voller Eifer und Sorgfalt die Spiritus und Akzente auf den Wörtern. Meine Hand huschte nur so über das Papier, sicher und verächtlich hier und da ein Zeichen setzend. Natürlich war alles falsch.

Was Akzente und Spiritus betrifft, bin ich zweifellos ein besonders schwerer, um nicht zu sagen *klinischer* Fall von Begriffsstutzigkeit, denn ich habe sie niemals so gelernt, wie man es müsste. Noch nicht einmal an der Universität. Ich habe hart gearbeitet, um das Versäumte aufzuholen, habe mir die Akzentregeln eingeprägt und wie eine Verrückte geübt. Doch meine Mühen waren vergeblich. Es war nicht so, dass ich die Regeln selbst nicht verstanden hätte. Ich habe nur niemals begriffen, welchen Sinn sie haben. Wenn wir die ursprüngliche Aussprache des Altgriechischen doch nicht kennen und auch niemals kennen werden, warum versteifen wir uns dann so sehr auf eine Fiktion?* Mehr noch, warum bestehen wir darauf, sie zu schreiben? Noch einmal: Wenn die deutsche Sprache verschwände und nur noch

---

* In den altsprachlichen Gymnasien ist die sogenannte *erasmische* Aussprache gebräuchlich, die durch *Erasmus von Rotterdam* im *Dialogus de recta Latini Graecique sermonis pronuntiatione* (Basel 1528) festgelegt wurde. Wegen der Aussprache des Buchstabens η (Eta) als langes, offenes *e* spricht man in diesem Zusammenhang auch von *Etazismus*.
Der Humanist Johannes Reuchlin legte eine andere, *reuchlinianisch* oder *iotazistisch* genannte Aussprache fest, wobei das η wie *ita* ausgesprochen wird, also eher wie ein Iota klingt. Dieses Modell geht auf das byzantinische Griechisch und die Aussprache des Neugriechischen zurück und findet außer in Griechenland auch noch in anderen Ländern Verwendung.

geschriebene Texte davon blieben, wie sollte man sich ihre Aussprache dann allein aus den Werken von Goethe oder Rilke erschließen? Oder – wenn wir schon mal dabei sind – aus irgendwelchen Facebook- und Twitter-Einträgen?

In Bezug auf die Spiritus der Vokale, *asper* und *lenis,* kann man nur wenig tun. Sie zu lernen und sie sich einzuprägen hilft ein Stück weit, der Rest ist Intuition. Auch wenn wir uns die Spiritus jedes einzelnen mit einem Vokal anlautenden griechischen Wortes merken könnten, viel nützen würde es uns nicht, denn in aller Regel sind wir gar nicht dazu in der Lage, die zugehörige Aspiration auszusprechen. Einige Lehrer sehen in Spiritus und Akzenten gar so etwas wie Ornamente – Häkchen und Striche, durch welche die Wörter vielleicht eleganter erscheinen, die aber im Grunde vollkommen nutzlos sind. So, als dienten sie, wie bei einer schönen, aber etwas zu aufgetakelten Frau, nur einer *Verkleidung* der Wörter.

Bei den Akzenten hingegen gibt es viele, noch dazu sehr schwierige Regeln zu lernen, für die man ein ausgeprägtes Rhythmusgefühl braucht, das ich leider nicht besitze. Ich kann noch nicht einmal richtig tanzen – selbst lateinamerikanische Rhythmen bringe ich nicht unfallfrei aufs Parkett. Und das Altgriechische ist – wie gesagt – eine *musikalische* Sprache. Die geläufigste Regel – und zugleich der sicherste Rettungsanker – ist die *Dreisilbenregel*. Sie besagt, dass der Akzent nur auf einer der drei letzten Silben eines Wortes stehen kann, und funktioniert nach dem Ausschlussverfahren: Wenn die letzte Silbe des Wortes kurz ist, kann die Betonung bis zur drittletzten Silbe reichen (also drei Möglichkeiten). Ist die letzte Silbe hingegen lang, kommen für den Akzent nur die beiden letzten Silben infrage (also zwei Möglichkeiten).

Die Quelle unseres Unverständnisses und des Unbehagens, das wir angesichts von Spiritus und Akzenten empfinden, ist immer dieselbe: Die Aussprache des Altgriechischen wurde uns unterschlagen. Die melodischen Eigenschaften und der musikalische, so gar nicht dynamische Rhythmus dieser Sprache bleiben uns vollkommen fremd. Unsere Ohren werden das Altgriechische niemals aus dem Mund eines Muttersprachlers vernehmen. Und das wiegt schwer, denn wir lernen schon als Kinder, Wörter richtig auszusprechen, oder schaffen es, in fremden Sprachen *Guten Tag* zu sagen, ohne zu wissen, wie es geschrieben wird, nur weil wir die Worte hören.

Der Grund, weshalb uns die von den Alexandrinern zur Vereinfachung eingeführten grafischen Symbole solche Schwierigkeiten bereiten, ist ganz einfach: *Sie* konnten Altgriechisch lesen, *wir* hingegen können es nicht. Dennoch haben uns die Alexandriner damit vor der ewigen Stille des Altgriechischen bewahrt. Dank ihnen können wir uns zumindest bemühen, zu lernen und zu verstehen, auch wenn wir niemals wirklich wissen werden, wie ein langer oder kurzer Vokal, wie ein Gravis, Akut oder Zirkumflex klingen muss. Immerhin können wir – so unbequem es auch sein mag – versuchen, es uns vorzustellen. Und das müssen wir sogar, denn ohne die Auseinandersetzung mit der Phonetik bliebe uns der Zugang zur Poesie, einem der größten Schätze des Altgriechischen, verwehrt.

Die griechische Dichtung – Epik, Lyrik, Tragödie und Komödie – enthält alles, was die Dynamik menschlichen Lebens ausmacht. Wir kennen Terzinen, Sonette, Kanzonen, elffüßige, siebenfüßige und reimlose Verse. Doch woraus setzte sich die griechische Dichtung zusammen? Und vor allem, wie las man sie?

Der Rhythmus des Altgriechischen basierte auf dem Wechsel von langen und kurzen Silben, wobei die Betonung der Worte in den Hintergrund trat. Einen Vers zu verfassen bedeutete im antiken Griechenland, lange und kurze Silben auf eine bestimmte Weise zu verteilen. Bei der Schaffung von Versen stützten die Dichter sich folglich nicht auf den Klang der Worte, sondern auf den Rhythmus und die Dauer ihrer Silben. Von der Archaik bis in die christliche Zeit haben sie niemals versucht, dass die *Tempi* ihrer Verse mit der Betonung übereinstimmen. Die Anordnung der Akzente war den Dichtern vollkommen gleichgültig.

Die Griechen nahmen beides wahr, die Betonung eines Wortes *und* die von der gewählten Metrik vorgegebene Silbenlänge. Uns hingegen gelingt das nicht. Wir vernachlässigen die Betonung der Wörter, wenn wir im Versmaß lesen. Den Griechen kam es auf den melodischen Klang der Sprache an, auf ihre Musikalität und auf die Abfolge der sorgfältig ausgewählten langen und kurzen Silben.

Aus diesem Grund kann man nicht behaupten, die griechische Poesie, ob nun Homer, Pindar, Sappho, Sophokles oder Aristophanes, sei einfach *nur rezitiert* worden. Ihre musikalische Komponente lässt nicht zu, dass die Gedichte einfach nur mündlich vorgetragen werden, so, wie wir es kennen. Gleichzeitig wurde die griechische Poesie jedoch ebenso wenig *nur gesungen,* obwohl die Dichter bisweilen von Saiteninstrumenten wie Leier oder Zither begleitet wurden.

Die Melodie der griechischen Poesie war eng mit der musikalischen Natur der Sprache verknüpft, also mit dem kontinuierlichen Heben und Senken der Stimme des Sprechenden und der Dauer, mit der die einzelnen Silben des Verses betont wurden. Es ist eine Musikalität, die ihre Spuren auch in der Prosa hinterlassen hat – wenn auch etwas weniger.

Es existierten präzise metrische Schemata beziehungsweise Arten der Versbildung, die auf unterschiedlichen Rhythmen basierten und für bestimmte Gedichtarten charakteristisch waren. Die Epik beispielsweise bevorzugte den Hexameter, die Lyrik hingegen den Jambus, den Trochäus oder die äolische Metrik, bei Tragödie und Komödie waren es der jambische Trimeter. Es ist für uns nur schwer nachzuvollziehen, aber jedem dieser Schemata war nicht nur eine bestimmte Charakteristik der griechischen Sprache zugeordnet, sondern auch die vollkommen freie Ausdruckswahl des Dichters. Denn er hatte die Möglichkeit, einen langen Vokal durch zwei kurze zu ersetzen, was das Spektrum an Wörtern, deren er sich beim Schmieden seiner Verse bedienen konnte, enorm erweiterte. Die Metrik der griechischen Dichtung diente also nicht dazu, sich die Sprache *gefügig* zu machen. Vielmehr bot sie die Möglichkeit, mithilfe der Stimme eine bestimmte Vorstellung von der Welt zum Ausdruck zu bringen – einer zutiefst musikalischen Welt.

Als um das 3. Jahrhundert n. Chr. das Bewusstsein für die Vielfalt der Silben verloren ging, konnte man nur eines tun, um diese Welt zu bewahren: Man musste sie aufschreiben – obwohl oder gerade weil sie stumm geworden war. Selbst in byzantinischer Zeit, als sich die Kenntnis der ursprünglichen metrischen Formen längst in Rauch aufgelöst hatte, schrieben die Grammatiker auch weiterhin akribisch Seite für Seite ab. Es ist ihrer stillen, unermüdlichen Beharrlichkeit zu verdanken, dass zumindest Reste der altgriechischen Metrik den Fall Konstantinopels überlebt haben und bis in unsere Zeit überliefert sind.

Aber wie *genau* haben uns die Klänge der griechischen Poesie erreicht? Wenn man das Schweigen einer Sprache fotografieren könnte, wäre dies das Bild:

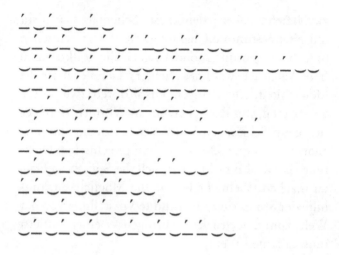

Hierbei handelt es sich um die grafische Darstellung des metrischen Schemas, das Pindar für die *10. Pythische Ode* verwendete, die dem Thessalier Hippokles gewidmet ist. Dabei steht das Symbol (–) für einen langen und (⌣) für einen kurzen Vokal. Unterhalb dieser Zeichen stehen die sinngebenden Worte, die der Dichter wählte, um die Leistungen und die mythische Herkunft des Hippokles zu preisen. Doch obwohl wir das alles wissen, uns bemühen, das Versmaß zu verstehen, und auf unsere Weise versuchen, den Ton zu treffen und die langen Vokale zu betonen, wird es uns niemals gelingen, der ursprünglichen Aussprache dieses Gedichts auch nur nahezukommen.

Wir können niemals wirklich begreifen, warum der Dichter sich gerade für diesen Wechsel langer und kurzer Silben entschieden hat und was er mit seiner Wahl zum Ausdruck bringen wollte. Für uns ist es ein stummes Gedicht, denn ein ganz wesentlicher Teil seiner Bedeutung bleibt uns für immer verborgen. Wie Fische in einem Glas bewegen wir die Lippen, ohne auch nur einen einzigen Ton hervorzubringen. Zumindest keinen *altgriechischen*.

»Nie können wir hoffen, den ganzen Schwung eines Satzes im Griechischen zu erfassen, wie wir es im Englischen tun. Wir können ihn nicht hören, bald dissonant, bald harmonisch, wie er den Ton über die Seite hin von Zeile zu Zeile wirft. Wir können nicht mit Sicherheit, eins ums andere, all die winzigen Signale auffangen, durch die es kommt, dass ein Satz verweist, sich wendet, lebt. Gleichwohl ist es die Sprache, die uns am meisten in Bann schlägt; das Verlangen nach dem, was uns beständig zurücklockt.«[6] So schreibt es Virginia Woolf in ihrem großartigen Essay *Von der Unkenntnis des Griechischen*.

Und so ist es tatsächlich: Wir können niemals hoffen, uns die Intensität eines altgriechischen Wortes zu eigen zu machen. Und dennoch studieren wir sie weiterhin, diese Sprache, die uns seit Jahrtausenden mit der Kraft ihres *Fernseins* verführt, die wir mit *Nähe* verwechseln. In den altgriechischen Texten lesen wir längst nicht mehr die griechische Welt, sondern unsere eigene.

Dasselbe gilt für die Musikalität des Altgriechischen, das wir heute mit *unserem* Klangverständnis und *unserem* Rhythmus lesen. Es ist wie eine Schallplatte, für die es keinen funktionierenden Plattenspieler mehr gibt, weil die Nadel zerbrochen ist und der Arm sich nicht mehr justieren lässt. Die einzige Möglichkeit, die Musik dennoch zu genießen, besteht also darin, sich ihren Klang vorzustellen.

Drei Geschlechter, drei Numeri

Und wir sind Ufer
doch stets diesseits der Insel
wo man ich sagt um zu sagen
– um zu sein – wir.

PIERLUIGI CAPPELLO,
aus *Azzurro elementare*

In vielen Sprachen, so auch im Italienischen, können wir den Dingen dieser Welt – ihrem Aussehen, ihrer Farbe und ihrer Natur – nur zwei Geschlechter geben. Das Altgriechische hingegen verfügte über ein weiteres: das Neutrum, das wir auch im Deutschen kennen. Aber sowohl im Italienischen als auch im Deutschen können wir nur in zwei Numeri zählen und messen: Singular und Plural. Das Altgriechische besaß einen weiteren Numerus: den Dual.

Ich habe lange nach geeigneten altgriechischen Zeilen gesucht, um euch das in vielen Sprachen fehlende Genus und den verschwundenen Numerus nahezubringen. Ich habe in Editionen geblättert, Texte durchforstet und mich abgemüht, etwas zu finden, aber nichts erschien mir passend, damit ihr Neutrum und Dual nicht nur verstehen, sondern auch erspüren könnt. Einerseits gibt es kaum einen altgriechischen

Satz, in dem das Neutrum nicht vorkommt, was es schwer macht, den Wald vor lauter Bäumen zu erkennen. Andererseits ist der Gebrauch des Duals so speziell, dass er nur äußerst selten in zwei Zeilen hintereinander zu finden ist, sodass man einen Wald ohne Bäume vor sich hat.

Schließlich habe ich mich für eine der bekanntesten Passagen von Platon entschieden, die gewöhnlich dann zitiert wird, wenn es um zwei verwandte Seelen oder die beiden Seiten derselben Medaille geht (ein typischer Sinnspruch aus einem Glückskeks). Es ist eine Passage, in der es um Liebe geht – oder um Einsamkeit, denn früher oder später werden wir alle einmal verlassen und müssen auf diese Weise erfahren, wie sich das Ende der Liebe anfühlt.

Obwohl im Text Neutrum und Dual vorkommen, bin ich mir durchaus bewusst, dass er ein etwas unorthodoxes Beispiel ist, um diese Besonderheiten der altgriechischen Sprache zu erklären, da sein Anliegen – wie gesagt – ein anderes ist. Aber ihr wisst ja bereits, dass dieses Buch keine typische altgriechische Grammatik ist, sondern eher eine etwas unkonventionelle Geschichte über altgriechische Grammatik.

Wenn ich im Folgenden den gewählten Abschnitt aus dem *Symposion* übersetze, dann soll das Wort »übersetzen« als *überführen* oder *hinüberführen* verstanden werden. Der Text soll euch zu einem Genus und einem Numerus führen, den wir heute nicht mehr kennen. Dabei ist nicht wichtig, ob ihr Altgriechisch könnt oder nicht, denn durch meine Übersetzung sollt ihr sie euch vorstellen und sie *spüren,* damit ihr sie anschließend verstehen könnt.

Πρῶτον μὲν γὰρ τρία ἦν τὰ γένη τὰ τῶν ἀνθρώπων, οὐχ ὥσπερ νῦν δύο, ἄρρεν καὶ θῆλυ, ἀλλὰ καὶ τρίτον προσῆν κοινὸν ὂν ἀμφοτέρων τούτων, οὗ νῦν ὄνομα λοιπόν, αὐτὸ δὲ ἠφάνισται.

Zu Anfang gab es drei Geschlechter von Menschen. Nicht wie jetzt nur zwei, nämlich ein männliches und ein weibliches, sondern es gab noch ein drittes dazu, welches beide vereinte. Geblieben ist davon nur noch der Name, es selbst aber ist verschwunden.

Ἔπειτα ὅλον ἦν ἑκάστου τοῦ ἀνθρώπου τὸ εἶδος στρογγύλον, νῶτον καὶ πλευρὰς κύκλῳ ἔχον, χεῖρας δὲ τέτταρας εἶχε, καὶ σκέλη τὰ ἴσα ταῖς χερσίν, καὶ πρόσωπα δύ ἐπ' αὐχένι κυκλοτερεῖ, ὅμοια πάντῃ.

Ferner war die ganze Gestalt eines jeden Menschen rund, sodass Rücken und Brust einen Kreis bildeten. Und vier Hände hatte jeder und Schenkel eben so viele wie Hände und zwei Angesichter auf einem kreisrunden Hals einander genau ähnlich.

Ἦν δὲ διὰ ταῦτα τρία τὰ γένη καὶ τοιαῦτα, ὅτι τὸ μὲν ἄρρεν ἦν τοῦ ἡλίου τὴν ἀρχὴν ἔκγονον, τὸ δὲ θῆλυ τῆς γῆς, τὸ δὲ ἀμφοτέρων μετέχον τῆς σελήνης, ὅτι καὶ ἡ σελήνη ἀμφοτέρων μετέχει.

Diese drei Geschlechter gab es aber deshalb, weil das männliche ursprünglich der Sonne Ausgeburt war, und das weibliche der Erde, das an beidem teilhabende aber des Mondes, der ja auch selbst an beiden Teil hat.

Ἦν οὖν τὴν ἰσχὺν δεινὰ καὶ τὴν ῥώμην, καὶ τὰ φρονήματα μεγάλα εἶχον, ἐπεχείρησαν δὲ τοῖς θεοῖς, καὶ ὃ λέγει Ὅμηρος περὶ Ἐφιάλτου τε καὶ Ὤτου, περὶ ἐκείνων λέγεται, τὸ εἰς τὸν οὐρανὸν ἀνάβασιν ἐπιχειρεῖν ποιεῖν, ὡς ἐπιθησομένων τοῖς θεοῖς. ὁ οὖν Ζεὺς καὶ οἱ ἄλλοι θεοὶ ἐβουλεύοντο ὅτι χρὴ αὐτοὺς ποιῆσαι, καὶ ἠπόρουν.

An Kraft und Stärke nun waren sie gewaltig und hatten auch große Gedanken. Und was Homer von Ephialtes und Otos sagt, das ist von ihnen zu verstehen, dass sie sich einen Zugang zum Himmel bahnen wollten, um die Götter anzugreifen. Zeus also und die anderen Götter ratschlagten, was sie ihnen tun sollten, und wussten nicht, was.

Μόγις δὴ ὁ Ζεὺς ἐννοήσας λέγει ὅτι 'δοκῶ μοι', ἔφη, 'ἔχειν μηχανήν, ὡς ἂν εἶέν τε ἄνθρωποι καὶ παύσαιντο τῆς ἀκολασίας ἀσθενέστεροι γενόμενοι. Νῦν μὲν γὰρ αὐτούς, ἔφη, διατεμῶ δίχα ἕκαστον, καὶ ἅμα μὲν ἀσθενέστεροι ἔσονται, ἅμα δὲ χρησιμώτεροι ἡμῖν διὰ τὸ πλείους τὸν ἀριθμὸν γεγονέναι· καὶ βαδιοῦνται ὀρθοὶ ἐπὶ δυοῖν σκελοῖν'.

Mit Mühe endlich hatte sich Zeus etwas ersonnen und sagte: »Ich glaube, nun ein Mittel zu haben, wie es noch weiter Menschen geben kann und sie doch aufhören müssen mit ihrer Ausgelassenheit, wenn sie nämlich schwächer geworden sind. Denn jetzt«, sprach er, »will ich sie jeden in zwei Hälften zerschneiden, so werden sie schwächer sein und doch zugleich uns nützlicher, weil ihrer mehr geworden sind, und aufrecht sollen sie gehen auf zwei Beinen.«

Ταῦτα εἰπὼν ἔτεμνε τοὺς ἀνθρώπους δίχα, ὥσπερ οἱ τὰ ὄα τέμνοντες καὶ μέλλοντες ταριχεύειν, ἢ ὥσπερ οἱ τὰ ᾠὰ ταῖς θριξίν.

Dies gesagt, zerschnitt er die Menschen in zwei Hälften, wie wenn man Früchte zerschneidet, um sie einzumachen, oder Eier mit Haaren zerschneidet.

Ὁ ἔρως ἔμφυτος ἀλλήλων τοῖς ἀνθρώποις καὶ τῆς ἀρχαίας φύσεως συναγωγεὺς καὶ ἐπιχειρῶν ποιῆσαι ἓν ἐκ δυοῖν καὶ ἰάσασθαι τὴν φύσιν τὴν ἀνθρωπίνην.

Seit damals also ist die Liebe zueinander den Menschen angeboren, um die ursprüngliche Natur wiederherzustellen, und versucht, aus zweien eins zu machen und die menschliche

Natur zu heilen. Jeder von uns ist also ein Stück von einem Menschen, da wir ja zerschnitten, wie die Schollen, aus einem zwei geworden sind. Also sucht nun immer jedes sein anderes Stück.[7]

Belebt oder unbelebt. Das Neutrum

Der Mann, die Frau. Der Himmel, die Erde. Der Mund, die Zunge. Der Baum, die Frucht.

Das Altgriechische hatte eine sehr intensive Art, der Welt ein Gesicht zu geben – eine Art, welche die Natur der Dinge über ihre erkennbare Oberfläche hinaus würdigte. Neben Femininum und Maskulinum verfügten die alten Griechen noch über ein zusätzliches Genus: das Neutrum.

Die Unterscheidung zwischen Maskulinum und Femininum auf der einen Seite und Neutrum auf der anderen basierte jedoch nicht auf den *Farben* der Wörter. Es war kein Rosa und Blau wie bei den kleinen Kindern und auch kein Schwarz oder Weiß. Ja noch nicht einmal das *reale Geschlecht* war entscheidend. Aber was war es dann? Tatsächlich unterschied das Altgriechische zwischen *belebtem* (Femininum und Maskulinum) und *unbelebtem* Geschlecht (Neutrum). Grammatikalisch gesehen, unterteilten die Griechen die Welt um sie herum also in Dinge *mit* oder *ohne Seele*. Das Neutrum beschrieb die abstrakten Konzepte wie τὸ ὄνομα, »der Name«, τὸ μέτρον, »das Maß«, τὸ δῶρον, »das Geschenk«, τὸ θέατρον,

»das Theater«. Neutra waren auch bestimmte Gegenstände wie τὸ ὅπλον, »die Waffe«, oder τὸ δόρυ, »die Lanze«, und gewisse Entitäten wie τὸ ὄρος, »das Gebirge«, τὸ ὕδωρ, »das Wasser«, oder τὸ κῦμα, »die Welle«. Auch der menschliche Körper war Neutrum, τὸ σῶμα, ebenso wie einige seiner Teile: τὸ ἦτορ, »das Herz«, τὸ πρόσωπον, »das Gesicht«, τὸ δάκρυον, »die Träne«. Neutra waren ferner τὸ ἔαρ, »der Frühling«, und τὰ ὀνείρατα, »die Träume«. Zwar kennen wir auch im Deutschen das Neutrum, aber die Genusbildung folgt hier anderen Regeln, wie die Liste dieser Wörter schon erkennen lässt.

Die Unterscheidung zwischen belebten Geschlechtern (Femininum und Maskulinum) und dem unbelebten Neutrum geht – wie könnte es anders sein – auf das Indogermanische zurück und hat sich im Altgriechischen ohne Abschwächung erhalten. Im Altgriechischen wurde die Unterscheidung zum Teil sogar noch verstärkt, denn die meisten belebten indogermanischen Substantive waren gar nicht in männliche oder weibliche unterteilt, sondern repräsentierten ein einheitliches Geschlecht mit derselben Perspektive auf die belebte Welt. Es war das Griechische, das durch die Anwendung des männlichen und weiblichen Artikels ihre Unterscheidung eingeführt und festgelegt hat.

Das Neutrum unterschied sich deutlich von den beiden anderen Geschlechtern – ein Gegensatz, der sich ungeachtet einiger Wirrungen und Schwankungen durch die gesamte Geschichte des Altgriechischen bis hin zur κοινή zieht und seine Gültigkeit auch noch im Neugriechischen bewahrt hat. Zumindest eine der Besonderheiten des Altgriechischen ist also nicht von der Tafel der Zeit gewischt worden. Die Unterscheidung zwischen Belebtem und Unbelebtem, die der indogermanischen Gedankenwelt eigen war, hat ihre grammatikalische und funktionale Rolle über die Jahrtausende hinweg behauptet, hat Kriege und Invasionen überlebt und wurde so den modernen Griechen überreicht. Und obwohl das Neutrum ein grundlegendes Element des Lateinischen war, ist es in den romanischen Sprachen verschwunden, anders als bei einigen germanischen Sprachen wie etwa dem Deutschen. Unter dem Gewicht der Trümmer des Römischen Reiches hörten unsere Worte auf, sich zu fragen, ob sie *belebt* waren *oder nicht*. Und so wurden männlich und weiblich die einzigen Möglichkeiten der sprachlichen Differenzierung.

Isidor von Sevilla

Wenn man über den Untergang des Römischen Reiches und dessen sprachliche Trümmer spricht, kommt man nicht umhin, eine der belesensten, sonderbarsten und zugleich genialsten Persönlichkeiten zu erwähnen, die die Sprache im Frühmittelalter erforscht haben: Isidor von Sevilla (um 560–636). Kaum jemand hat es mehr verdient, hier genannt zu werden, als dieser Kirchengelehrte – auch wenn ein paar Worte eigentlich nicht ausreichen, um seine Leistung zu würdigen, angesichts der Unmenge an Büchern und Wissen, die er den Wirren des Mittelalters entrissen und damit für uns gerettet hat.

Am ehesten werde ich dem außergewöhnlichen Mut und der grenzenlosen Fantasie dieses Mannes wohl gerecht, indem ich die Lektüre seiner *Etymologiae (sive origines)* aufs Wärmste empfehle. Es handelt sich um ein Kompendium des damaligen Wissens über Medizin, Sprache, Tiere, Geografie und Kunst bis hin zum Rechtswesen. Tatsächlich waren die *Etymologiae* des Isidor die erste »Enzyklopädie« der Menschheitsgeschichte und zugleich eine der stärksten Bastionen gegen den völligen Zusammenbruch der griechisch-römischen Kultur. Das gesamte Mittelalter hindurch wurde sein Werk gelesen, weitergegeben und gelehrt, während Sprachen, Völker, Religionen, Gesetze oder Staaten kamen und gingen, das Latein immer verwaschener wurde und man im westlichen Europa das Altgriechische zusehends vergaß.

Im ersten Kapitel von Buch IX, das den Sprachen der Völker gewidmet ist, bemerkt Isidor mit Weitblick: »Die Frage, welche Sprache die Menschen in Zukunft sprechen werden, ist nicht zu beantworten. Der Apostel sagt nämlich: ›Auch die Sprachen werden weniger werden.‹ Deshalb haben wir zuerst die Sprachen abgehandelt und reden danach erst von den Völkern. *Denn die Völker sind aus den Sprachen entstanden und nicht die Sprachen aus den Völkern.*«

In Zeile 131 des Zehnten Paradiesgesangs der *Göttlichen Komödie* beschreibt Dante Alighieri den Geist des Isidor von Sevilla als glühend: Der Spanier hat sich nicht einen Moment geschont angesichts der gigantischen Anstrengung, die es bedeutete, die Realität allein mittels des Ursprungs der Wörter zu beschreiben, mit denen sie beschrieben wird. Und seine Anstrengung hat sich gelohnt, wenn man bedenkt, dass durch die *Etymologiae* die Antike das ganze Frühmittelalter hindurch, als die Bibliotheken brannten und alte Texte verschwanden, den Völkern vermittelt wurde, die jahrhundertelang durch dieselbe Sprache verbunden und nun voneinander getrennt worden waren, nachdem sie sich an der Bruchstelle zwischen Gegenwart und Vergangenheit aus den Augen verloren hatten.

Es ist nicht zu leugnen, dass viele seiner Etymologien bizarr und fantasievoll, ja, dass einige sogar frei erfunden sind. Doch sind es gerade diese äußerst amüsanten Einträge, die eine Lektüre auch heute noch so lohnend machen. Wir können uns darüber amüsieren, ja, aber wir sollten uns nicht darüber lustig machen, denn heute verfügen wir über alle möglichen Wissenschaften und Kenntnisse. Doch als Isidor begann, das Wissen seiner Zeit zu sammeln, brach gerade nicht nur ein politisches, sondern vor allem ein kulturelles Imperium unter seinen Füßen zusammen. Deshalb kann man seine Bemühungen und auch seine Fantasie gar nicht hoch genug einschätzen.

Im siebenten Kapitel von Buch I, das sich mit Grammatik befasst, stellt Isidor in Bezug auf die Geschlechter der Wörter fest, dass es deren zwei gibt, nämlich Maskulinum und Femininum. Um dem Vollständigkeitsanspruch gerecht zu werden, der sein ganzes Werk durchzieht, erwähnt er darüber hinaus »spezielle«, von der menschlichen Rationalität geschaffene Genera. Das Neutrum (von lateinisch *ne-uter*, »weder das eine noch das andere«), das beide Geschlechter in sich birgt, so wie *canis*, das für »der Hund« und »die Hündin« steht, und ein seltsames Genus, das beide Geschlechter ausdrückt. Um Letzteres zu erklären, schießt Isidor jedoch ein wenig über das Ziel hinaus, denn als Beispiel wählt er ausgerechnet die Fische: »Das Geschlecht dieses Tiers ist nur schwer festzulegen, weil es sich weder am Verhalten noch am Aussehen unterscheiden lässt, sondern nur, indem man das Tier selbst mit kundigen Händen berührt.« – Wegen der Kunst des Fischabtastens wende man sich an die Fischer von Livorno.

Zum Abschluss noch ein Hinweis: Im Jahr 2002 hat Papst Johannes Paul II. Isidor von Sevilla zum Patron des Internets und all jenen erklärt, die es benutzen. Seine *Etymologiae*, die das Wissen der Menschheit zusammenstellten, seien ein Vorläufer des Webs gewesen und das geordnete Inhaltsverzeichnis der darin enthaltenen Themen die erste Datenbank der Geschichte.

Die Unterscheidung zwischen belebten und unbelebten Substantiven war also recht eindeutig. Das gilt allerdings nicht für den Unterschied zwischen Maskulinum und Femininum, der bisweilen recht verschwommen ist. Häufig ist es schwierig, den Grund für das Geschlecht eines altgriechischen Wortes zu ermitteln, bisweilen sogar unmöglich.

Im Altgriechischen ist »das Leben«, ὁ βίος, männlich, ebenso wie »der Tod«, ὁ θάνατος – »das Lebendigsein« hingegen, τὸ ζῷον, wird im Neutrum zum Ausdruck gebracht.

Feminina sind die Namen der Bäume, weil sie wie die Erde Leben hervorbringen. Neutra hingegen sind die Früchte des jeweiligen Baums, die in sprachlicher Hinsicht als *Gegenstände* angesehen werden. Man hat also ἡ ἄπιος, »der Birnbaum«, im Femininum, während τὸ ἄπιον, »die Birne«, im Neutrum steht. »Die Feige«, τὸ σῦκον, ist Neutrum, Femininum hingegen der Baum, auf dem sie wächst, ἡ συκέα. Feminina sind »der Olivenbaum« beziehungsweise »die Olive«, ἡ ἐλαία, »das Olivenöl«, τὸ ἔλαιον, dagegen ist Neutrum.

Neutra sind ferner die liebevoll oder abwertend im Sinne von »klein« oder »jung« gebrauchten Diminutiva männlicher oder weiblicher Wörter. Ὁ μόσχος ist »das Kalb« und τὸ μοσχίον »das Kälbchen«. Ὁ μεῖραξ ist »der Bursche« und τὸ μειράκιον »das Bürschlein«.

Femininum ist der Akt des Handelns, also »die Handlung«, ἡ πρᾶξις, Neutrum hingegen das Ergebnis des Handelns, also »die Tatsache«, τὸ πρᾶγμα. Weiblich sind »die Erde«, ἡ γῆ, und »das Meer«, ἡ θάλασσα, denn beide bringen Leben hervor, sind Orte der Fruchtbarkeit und folglich belebt.

Mitunter werden Begriffe, die im Singular Femininum oder Maskulinum sind, im Plural zu Neutra, weil sie in der Mehrzahl abstrakte Ideen zum Ausdruck bringen. So wird aus dem Femininum ἡ κέλευθος, »der Weg«, das Neutrum τὰ κέλευθα, was so viel wie »die Reise« bedeutet. Ὁ λύχνος, »die Lampe«, ist Maskulinum, »das Licht«, τὰ λύχνα, hingegen Neutrum.

Unklar bleibt, warum einige Teile des menschlichen Körpers maskulin sind, andere hingegen feminin oder neutral. Männlich sind »das Auge«, ὁ ὀφθαλμός, »der Zahn«, ὁ ὀδούς, oder »der Fuß«, ὁ πούς. Weiblich sind »die Nase«, ἡ ῥίς, und »die Hand«, ἡ χείρ. Neutrum sind »der Mund«, τὸ στόμα, »das Ohr«, τὸ οὖς, und »das Knie«, τὸ γόνυ.

Im Altgriechischen verweisen viele archaische, mit Erde, Landwirtschaft oder Viehzucht zusammenhängende Begriffe auf das ursprünglich einheitliche belebte Genus, das nicht zwischen den Geschlechtern unterschied. So kann ὁ/ἡ βοῦς »das Rind« beziehungsweise »die Kuh« heißen, ὁ/ἡ ἵππος »das Pferd« beziehungsweise »die Stute«. In diesen Fällen sind es Artikel oder Adjektive, die das Geschlecht eindeutig bestimmen, oder spezifische Begriffe wie ὁ ταῦρος, »der Stier«.

In einigen logisch nicht zu erklärenden Fällen

existiert eine maskuline und eine feminine Form ein und desselben Wortes: ὁ γόνος und ἡ γονή etwa bedeuten beide »die Abstammung«.

Neben dem Numerus ist es das Genus, das im Altgriechischen die Beziehungen zwischen den Wörtern innerhalb eines Satzes deutlich macht. In einer kasusbasierten Sprache wie dem Altgriechischen ist seine grammatikalische Bedeutung enorm. Es spielt eine grundlegende Rolle in der Syntax, denn es verbindet die Wörter miteinander und stimmt sie aufeinander ab. Genus und Numerus sind eine große Hilfe bei der Entschlüsselung altgriechischer Texte, denn sie dienen als eine Art Sinngeber. Aber wie lernt man den Unterschied zwischen Maskulinum, Femininum und Neutrum in der Schule? Wie werden einem dort die Genera der Wörter beigebracht?

In diesem Fall helfen weder perfekte Lehrmethoden noch ein gutes Gedächtnis weiter – es sei denn, man wäre so verrückt, alle Einträge im Wörterbuch auswendig zu lernen. Und auch ein noch so feines Sprachgefühl reicht nicht aus. Ob ein Wort maskulin oder feminin (oder neutral) ist, lässt sich in allen Sprachen der Welt nur schwer erkennen und begründen. Die Hauptursache dafür ist, dass jede lebende oder tote Sprache das Genus ihrer Wörter auf nahezu *willkürliche* Weise bildet. Die Sprechenden erfassen und hören es auf einer sehr tiefen, beinahe unterbewussten Ebene, während sie die Wörter beim Formulieren miteinander in Einklang bringen.

Keiner von uns macht sich große Gedanken um die Auswahl eines maskulinen oder femininen Adjektivs, wenn er eine Frau, den Himmel, ein Buch oder einen Traum beschreiben will, denn das Genus der Dinge kommt aus sich selbst heraus. Von innen, aus der Tiefe: *aus dem Sprachbewusstsein*. Es bedarf keiner besonderen Anstrengung, um die Genera zu wählen, die man beim Telefonieren mit einem Freund oder beim Schreiben einer E-Mail an seinen Chef gebraucht. Kaum jemand fragt sich jemals, warum ein Wort maskulin oder feminin ist. Warum sollte man auch? Mich selbst kostet es beim Schreiben keine große Mühe, die Wörter grammatikalisch korrekt miteinander zu verbinden. Noch bevor ich als Kind zu sprechen begann, habe ich gelernt, dass »der Hund« maskulin ist und »die Tür« feminin. In meiner Muttersprache ist das Genus der einzelnen Wörter daher etwas ganz *Natürliches* für mich. Es ist meine Sprache, *sie ist tief in mir*.

Für Sprachen, die nicht unsere eigenen sind, für Fremdsprachen also, gilt all das jedoch nicht. Und das Altgriechische ist eine Fremdsprache für uns – noch dazu eine Sprache, die eine ganz andere Weltsicht vermittelt und das Genus ihrer Wörter nach ganz anderen Kriterien festlegt. Da es nicht unsere natürliche Sprache ist, finde ich das Genus ihrer Wörter folglich auch nicht *tief in mir*. Und da es sich außerdem um eine tote Sprache handelt, gibt es keine Sprecher mehr, sondern nur noch Texte als stumme Zeugnisse.

Deshalb haben wir auch nicht die Möglichkeit, das Genus altgriechischer Wörter wie selbstverständlich oder automatisch zu erfassen. Jedes von ihnen ist ein Maskulinum, Femininum oder Neutrum, weil es in den Ohren und vor allem im Geist derjenigen, die sie aussprachen, nun einmal so war. Die Genera sind also Eigentum einer Sprache – jeder Sprache. Und es gibt nichts, was man dagegen tun könnte. Sie sind eine ganz ursprüngliche Art, die Welt auszudrücken. »Das Meer« etwa ist im Italienischen maskulin (»il mare«) und im Französischen feminin (»la mer«), während es im Deutschen als Neutrum angesehen wird. Und keiner der jeweiligen Muttersprachler fragt sich, warum, oder empfindet es als seltsam. Für sie alle ist es vollkommen *natürlich*.

Man muss sich anstrengen, um eine Sprache zu erlernen, die nicht die eigene ist. Und beim Erlernen der Genera des Altgriechischen verhält es sich nicht viel anders als bei den Genera jeder anderen Sprache. Dabei hilft einem das *Sprachgefühl* nur wenig. Im Gegenteil. Nicht selten führt es zu Fehlern und peinlichen Situationen, wenn man wie selbstverständlich auf die Entsprechungen in der eigenen Muttersprache zurückgreift.

Es braucht Geduld, Beharrlichkeit, Nachsicht und Lernbereitschaft. Und man muss sich die nötige Zeit nehmen. Je häufiger man beim Lernen des Altgriechischen auf ein bestimmtes Maskulinum, Femininum oder Neutrum trifft, desto größer wird die Wahrscheinlichkeit, dass einem das Genus des Wortes im Gedächtnis bleibt. Vor allem jedoch braucht es Vertrauen – Vertrauen in sich selbst und in die griechische Sprache, die das ist, was sie ist, und gerade deshalb ist sie so einmalig.

Ein Beispiel gefällig, um die Willkür der Genera deutlich zu machen? Mein Name, Andrea. In Italien ist es eigentlich ein männlicher Vorname. Etymologisch gesehen, geht er auf ἡ ἀνδρεία (»die Tapferkeit«, »die Mannhaftigkeit«) zurück. Das ist die Bedeutung, da gibt es kein Vertun, dagegen ist kein Einspruch möglich. Nur bin ich eine Frau.

Und die Tochter eines Vaters, der weder Angst noch Betrübnis kennt, sondern für jeden Tag dankbar ist, den er auf dieser Welt verbringen darf – eine Furchtlosigkeit, die ihn auf die ebenso unlogische wie ruhmreiche Idee brachte, mich Andrea zu nennen (»Andrea und basta«, soll er zum fassungslosen Sachbearbeiter des Einwohnermeldeamtes gesagt haben, als dieser ihm riet, mir doch noch einen zweiten, etwas *traditionelleren* Namen zu geben).

Ich bin eine Frau, die in Italien aufgewachsen ist, und kann euch versichern, dass meine Kindheit mit diesem Männernamen kein Spaß gewesen ist. Zumindest nicht für mich. Für alle anderen Kinder hingegen schon, denn sie zogen mich ständig damit auf. Meine Mutter versuchte, mich zu trösten, wenn ich zutiefst gedemütigt nach Hause kam. Doch was sie auch sagte, es war vergeblich. Etwa dass *Andrea* auf *a* ende und deshalb doch auch ein bisschen weiblich sei.

Aber ich wollte einen ganz und gar weiblichen Namen, so wie die anderen Mädchen, und nicht einen, der es nur ein bisschen war. Für eine gewisse Zeit, ich war sechs oder sieben Jahre alt, log ich sogar, was meinen Namen betraf, und behauptete, Silvia zu heißen – sehr zum Leidwesen meines Vaters.

Auch der Umstand, dass Andrea fast überall in Europa, in Nord- und in Südamerika ein *Frauenname* ist, konnte mich nicht trösten. Ebenso wenig der Hinweis, dass ich ganz offensichtlich eine Frau bin. Entscheidend war einzig und allein, dass Andrea in Italien ein *Männername* ist und als solcher von allen Italienern wahrgenommen wird. Punkt. Es ist dieses Sprachempfinden der Italiener, aus dem sich die unvermeidliche Frage erklärt, dir mir fast jeden Tag gestellt wird: »Bist du Ausländerin?« Die blonden Haare, die hellen Augen und die weiße Haut sind mir dabei auch nicht gerade eine Hilfe. Noch heute kommt es vor, dass ich in der Bar auf Englisch oder Deutsch angesprochen werde. Und damit nicht genug: Das Finanzamt teilte mir eine falsche Steuernummer zu, nämlich eine für einen Mann, und mit achtzehn erhielt ich einen Einberufungsbescheid zum Militärdienst.

Und jedes Mal, wenn ich mich irgendwo vorstelle, folgen ein peinliches Schweigen oder ein »Was?« oder ein »Aha«, die unvermeidliche Nachfrage »Andrea wie *Andrea*?« oder im schlimmsten Fall sogar ein dummer Scherz. Einmal hat mich doch tatsächlich jemand gefragt, wie ich tatsächlich hieße, weil er Andrea für einen *Künstlernamen* hielt. Wofür ich den seiner Ansicht nach brauchen sollte, blieb allerdings offen.

Und jedes Mal, wenn ich meine Kreditkarte benutze, auf der ja mein Name steht, sehen mich die Kassierer an, als wäre ich eine Diebin. Im besten Fall fragen sie mich, ob »mein Mann« denn wisse, dass ich auf seine Kosten shoppen ginge. Bei der Kontrolle der personalisierten Zugfahrkarten räuspert sich der Bahnbeamte verlegen und zwingt mich, zu bestätigen, »ja, das bin wirklich ich«. Und beim Boarding am Flughafen lässt mich die Stewardess den Ausweis sicherheitshalber dreimal vorzeigen. Auch die Mitarbeiter von Callcentern glauben nicht, dass ich tatsächlich Andrea bin, ebenso wenig wie Postboten, Bankangestellte und die Security im Stadion oder bei Konzerten.

Ich schätze, dass es wegen meines Namens zu durchschnittlich drei Missverständnissen pro Tag kommt. Ihr könnt euch also meine Erleichterung vorstellen, sobald ich einen Fuß ins Ausland setze. Tatsächlich schreibe ich dies gerade in Sarajevo, wo ich wegen meines Namens und meines Aussehens von den meisten für eine Slawin gehalten werde.

Und dennoch bin ich, seit ich eine erwachsene Frau geworden bin, stolz auf meinen Namen.

Andrea ist mein Name, meine Wesensart und mein Banner, das ich dank meines Vaters, seiner Stärke und Freigeistigkeit vor mir hertrage. Neben seiner

Fröhlichkeit war dieser Name sein schönstes Geschenk an mich, und es spielt keine Rolle, dass er eigentlich ein *Männername* ist. Erinnert ihr euch, dass ich sagte, die Genera der Dinge dieser Welt seien etwas Natürliches, tief in euch Verwurzeltes? Ich selbst bin so sehr daran gewöhnt, meinen Namen zu tragen, dass es mir bisweilen unmöglich erscheint, *ein Mann* könne Andrea heißen.

Ich, wir beide, wir. Der Dual

Die Augen, die Ohren, die Hände, die Füße.
 Die Brüder, die Freunde, die Verbündeten.
 Die Liebenden.
 Grammatikalisch gesehen, zählte das Altgriechische bis drei: eins, zwei, zwei oder mehr.
 Neben den Numeri, mit denen wir die Dinge zählen und die Welt vermessen, nämlich dem Singular »ich« und dem Plural »wir«, verfügte das Altgriechische über einen dritten Numerus: den Dual, »wir beide«. Zwei Augen, τὼ ὄμματε, zwei Hände, τὼ χεῖρε, zwei Brüder, τὼ ἀδελφώ, zwei Pferde, τὼ ἵππω. Und vor allem zwei Menschen, τὼ ἀνθρώπω.
 Der Dual drückte nicht einfach nur eine mathematische Summe nach dem Motto *eins plus eins gleich zwei* aus. Für solche banalen Rechenaufgaben gab es genau wie heute den Plural. Der Dual hingegen diente dem Ausdruck einer zweifachen Entität, *eins plus eins gleich eins,* bestehend aus zwei Dingen oder

Personen, die aufs Engste miteinander verbunden sind. Der Dual ist der Numerus der Übereinkunft und des Einvernehmens. Er ist der Numerus des Paares, sei es nun ein natürlich auftretendes oder ein künstlich geschaffenes.

Der Dual ist zugleich aber auch der Numerus von Bündnis und Ausschluss, denn zwei ist nicht nur das Paar, sondern auch das Gegenteil von eins – das Gegenteil der Einsamkeit also. Es ist so, als gäbe es eine Umzäunung, und wer sich darin befindet, nämlich im Dual, der weiß es auch. Und wer sich nicht darin befindet, bleibt unwiederbringlich ausgeschlossen. Innerhalb und außerhalb.

Ebenso wie der Aspekt geht auch der altgriechische Dual auf das Indogermanische zurück. Es handelt sich folglich um einen sehr alten, unverfälschten Numerus. Er stellte eine Möglichkeit dar, der Welt in numerischer Hinsicht Sinn zu verleihen. Das Lateinische enthält selbst in den ältesten erhaltenen Texten keinerlei Spuren mehr vom Dual. Er findet sich hingegen im Sanskrit und heute noch im Litauischen und Slawischen. Auch die semitischen Sprachen, bis hin zum modernen Arabisch, verfügen über den Dual.

Der Dual des Altgriechischen war weit mehr als eine Kuriosität oder eine mathematische Laune der Sprechenden. Er wurde als Numerus immer dann ganz bewusst eingesetzt, wenn man von zwei miteinander verbundenen Menschen oder Dingen sprach. Sie konnten von Natur aus ein Paar sein wie Augen und Hände oder wie Liebende auch nur für einen Moment zusammen sein. Allerdings neigte der Dual schon seit Homer dazu, zu verschwimmen, zu verschwinden und wieder aufzutauchen, je nachdem, welche Freiheiten sich die Autoren bei seinem Gebrauch nahmen. Die Griechen verwendeten den Dual dann, wenn er dem Sinn des Gesagten von Nutzen war, wenn der Sprechende ihn *spürte*. Aus der Alltagssprache verschwanden diese Archaismen des Indogermanischen, diese Überreste einer nicht mehr existierenden Sprache, jedoch schon früh.

Der Dual war eine Art, die Welt zu *berechnen* und die Natur der Dinge ebenso wie ihre Beziehung zueinander abzumessen. Er war ein sehr konkreter und überaus menschlicher Numerus, sensibel und – je nach Lage der Dinge – logisch oder unlogisch: also genauso wie das Leben. Der Dual war der am wenigsten banale unter den Numeri, denn er ließ sich nur schwer einordnen.

Als die griechische Kultur immer komplexer wurde, begannen die Numeri langsam, ihren konkreten Charakter zu verlieren. Sie wurden abstrakter und strikt logisch, messbar, stabil und ohne Bindung an etwas, das zwar im Augenblick zusammen ist, aber womöglich bald schon nicht mehr. Sie wurden, sprachlich gesehen, zu mathematischen Numeri. Eine Sprache verändert sich eben, wenn sich diejenigen ändern, die sie sprechen.

In den meisten Kolonien, wo sich viele Entwicklungen, darunter auch die sprachlichen, rascher vollzogen, verschwand der Dual praktisch mit ihrer Gründung. Die Dichterin Sappho von der Insel Lesbos ignorierte den Dual, so wie es alle taten, die den ionischen Dialekt sprachen. Bei den bodenständigeren Festlandgriechen hingegen, wo das Vergessen langsamer vonstatten ging, hielt sich der Dual.

Diese Art des Altgriechischen zu zählen fand sich vorwiegend im attischen Dialekt des 5. und 4. Jahrhunderts v. Chr. Platon etwa verwendete den Dual regelmäßig und auf sehr akkurate Weise. Die Tragödien- und Komödiendichter dagegen benutzten ihn auf eine seltsame, inkonsequente Weise (übrigens ist der Unterschied zwischen Tragödie und Komödie weniger eine Frage des Inhalts als vielmehr des Blickwinkels auf die Welt). Der Historiker Thukydides vermied den Dual, dessen Bedeutungsschwankungen nicht so recht zur Geradlinigkeit der zeitlichen Abläufe von historischen Ereignissen passten. Und weil der Dual der politischen Prosa, die nach Klarheit verlangte, zu wenig entsprach, wurde er von den Rednern nur sehr vorsichtig eingesetzt.

Als sich die κοινή durchsetzte, war der Dual bereits fast überall verschwunden und wurde nur noch in einigen ländlichen Regionen verwendet, bis er schließlich vollkommen in Vergessenheit geriet. Die Wiederverwendung des Duals durch die sogenannten attizistischen Autoren der Kaiserzeit, die sich Jahrhunderte später um die Wiederbelebung des reinen attischen Dialekts bemühten, blieb nichts weiter als ein Spiel ohne jede Relevanz für die Geschichte des Altgriechischen. Überall in der griechischen Welt hatte man inzwischen der Einheit die Mehrheit entgegengesetzt. Einer gegen viele. *Eins plus eins ist gleich zwei,* ohne Ausnahme. Genau wie heute.

Es war eine Gymnasiastin aus Livorno, der ich Nachhilfe in Altgriechisch gab, die mir eine der originellsten Definitionen des Duals lieferte, die ich jemals gehört habe: »Der Dual ist die Sache, die in den Texten nie vorkommt und die man deshalb gleich wieder vergisst, nachdem man sie gelernt hat. Aber dann taucht der Dual ein einziges verfluchtes Mal in einer Klassenarbeit auf und bestraft dich so sehr, dass du ihn nie wieder vergisst.«

Ja, es stimmt: In den Schultexten begegnet man dem Dual *fast* nie. Aber eben nur fast. Und dieses *fast* ist dem Umstand geschuldet, dass wir in der Schule das Ionisch-Attische lernen, also den Dialekt von Platon und Perikles. Und wie bereits erwähnt, ist es die Sprache Athens, des Parthenons und der Akropolis, in der sich der Dual mit der größten Häufigkeit und Kohärenz bewahrt hat.

Außerdem verdeutlicht dieses *fast* die ganz und gar sprachliche und nicht mathematische Natur des Duals. Es reicht nicht aus, dass in einem Text zwei Dinge oder Personen erwähnt werden, damit sie ganz automatisch im Dual ausgedrückt werden. Selbst wenn es sich um einen anatomischen Text handelt, in dem es um nichts anderes als um Ohren, Augen, Hände und Füße geht, ist der Gebrauch des Duals keineswegs zwangsläufig, sondern hängt allein vom freien Sprachempfinden des jeweiligen Autors ab. Meine ganz persönliche Definition des Duals lautet daher: *Eins plus eins ist gleich eins bestehend aus zwei,* und nicht einfach *zwei*. Das griechische δύο, »zwei«, steht nur mit dem Dual.

Die Anwendung dieses Numerus war demnach an die Beziehungen geknüpft, die ein Autor zwischen zwei Entitäten erkannte. Gleiches gilt für die vielen Wandlungen und Unwägbarkeiten, die der Dual im Verlauf seiner sprachlichen Entwicklung durchgemacht hat und die letztlich zu seinem unwiederbringlichen Verschwinden führten. Das ist der Grund, weshalb Körperteile, verbündete Schiffe, die gegen denselben Feind in See stechen, Pferde, die denselben Streitwagen ziehen, Zwillingsbrüder, Ehepaare, Kampfgenossen oder Gottheiten im Dual erscheinen können. Oder eben auch nicht. Das hing davon ab, welche Verbindungen und Beziehungen der Sprechende zwischen den Dingen wahrnahm.

Wie schon gesagt, der Dual war ein konkreter, ein *menschlicher* und eben kein *mathematischer* Numerus, sondern ein Numerus, der den Beziehungen zwischen Dingen und Menschen einen Sinn verlieh – sofern es diesen Sinn gab. Er war nicht messbar und wurde von keiner grammatischen Regel vorgeschrieben, sodass die Sprechenden frei entscheiden konnten, ob sie ihn benutzten oder nicht.

Und was erfährt man über den Dual und seine Art, der Welt einen numerischen Sinn zu verleihen, auf den altsprachlichen Gymnasien? Eine Zeile.

In allen Lehrbüchern, die ich konsultiert habe und mit denen auch heute die Schüler noch arbeiten, um eine vor zweitausend Jahren verschwundene Sprache zu erlernen, wird dem Dual eine einzige Zeile gewidmet. Es ist eine Zeile, die verloren auf einer Seite kurz vor den unzähligen Deklinations- und Konjugationstabellen steht.

Und diese Zeile hört sich fast immer so an: »Das Altgriechische unterscheidet drei Numeri: Singular, Dual und Plural. Der Dual dient der Bezeichnung von Dingen oder Menschen, die entweder in der Natur paarweise auftreten oder vom Autor als Paar angesehen werden.« Das war's. Kein Wunder, dass die Schüler die Existenz eines so gefühlvollen Numerus beinahe sofort wieder vergessen und dass er ihr Sprachempfinden so gut wie niemals berührt.

Das Handbuch der griechischen Grammatik

Die eben zitierte Definition des Duals steht auf Seite 42 der Γράμματα, also jener Grammatik, mit deren Hilfe ich meine ersten, noch unsicheren Schritte in der altgriechischen Sprache getan habe. Man kann nicht gerade behaupten, dass meine ersten Schritte

mit diesem Handbuch ein *Spaziergang* waren. Es fühlte sich eher wie ein Gepäckmarsch durch steiles Gelände an. Ein Beleg dafür ist das Exemplar dieser Grammatik, das mich wie eine Reliquie erst nach Livorno und sogar bis nach Sarajevo begleitet hat, Umzug um Umzug, Prüfung um Prüfung, Leben um Leben. Der Einband zerrissen durch das ständige Verstauen in Rucksäcken und Taschen, die Seiten randvoll mit Notizen aller Art, Markierungen von Textmarkern in unterschiedlichsten Farben, Unterstreichungen und Umrandungen, dazu die Namen von Exfreunden neben irgendwelchen Deklinationen und der verzweifelte Ausruf »Ich hasse Griechisch!« neben den Ausnahmen des Perfekts (nur ein kurzer Moment der Schwäche, wenn man bedenkt, dass ich später so verrückt war, einen Universitätsabschluss in Altphilologie zu machen, und auch noch Spaß dabei hatte).
Man kann nicht gerade behaupten, dass die Γράμματα ein schönes Buch ist. Es tut das, was alle Handbücher tun, es lehrt die Handhabung – in diesem Fall der altgriechischen Sprache. Es hilft einem, sich über Wasser zu halten und nicht unterzugehen. Das äußere Erscheinungsbild, mit seiner nicht enden wollenden Abfolge von Tabellen und Regeln in Schwarz-Weiß, ist nicht besonders einladend. Dem Sinn der Sprache wird darin freilich kein Raum gegeben. Aber es ist ein klar strukturiertes und durch seine Beschränkung auf das Notwendige außerordentlich praktisches Lehrbuch ohne Abschweifungen, auf das ich

noch heute zurückgreife, wenn mir etwas entfallen ist. Mit anderen Worten: Ich weiß, dass alles darin zu finden ist, was es über altgriechische Grammatik zu wissen gibt.

Beim Schreiben dieses Buches habe ich darüber hinaus die zehn gebräuchlichsten Grammatiken konsultiert. Die Titel sind alle unterschiedlich – die meisten davon im lateinischen statt im griechischen Alphabet – und nicht selten mit Adjektiven versehen, die ihre Aktualität preisen. Ergänzt werden diese Handbücher häufig durch ebenso innovative wie mysteriöse Online-Erweiterungen. Tatsächlich hat sich seit den Zeiten der Γράμματα jedoch nur wenig bis gar nichts an der gymnasialen Didaktik geändert. Sicher, man bemüht sich darum, der griechischen Kultur etwas mehr Aufmerksamkeit zu schenken, »aber wir haben nie Zeit dafür, weil wir mit dem Lehrstoff in Rückstand sind«, berichten mir meine Schüler immer wieder. Sicher, die Aufmachung ist moderner, bunter und *smarter* geworden, aber die Lehrmethodik hat sich kaum weiterentwickelt. Sie wird von den Handbüchern vorgegeben, durch die man sich mit Beharrlichkeit ackern muss. Die Beschäftigung mit dem Sprachempfinden bleibt in aller Regel auf der Strecke.

Eine gesonderte Erwähnung verdient *Athenaze*, eine im Jahr 2009 von der Akademie *Vivarium Novum* herausgegebene Grammatik, die es sich zur Aufgabe macht, Altgriechisch mithilfe der *natürlichen Methode* zu lehren – also in kleinen Schritten, so wie die Kin-

der an der Grundschule Englisch lernen, nämlich anhand von kurzen, mit Zeichnungen und Bildern illustrierten Geschichten und Erzählungen. Die Kapitel sind in Absätze unterteilt, in denen vom Leben des Bauern Diceopoli und seiner Familie berichtet wird, gefolgt von einfachen Übungen und Hinweisen zur Grammatik. Das Altgriechische wird hier also wie eine lebende Sprache unterrichtet, ohne sich zu sehr auf die grammatikalischen Regeln zu versteifen, die nach dieser Methode im Laufe der Zeit und durch die zunehmende Vertrautheit mit der Sprache gewissermaßen von selbst erlernt werden.
Die Methode von *Athenaze* hat mich immer neugierig gemacht, weil sie das Altgriechische nicht wie eine tote Sprache behandelt. Die Meinungen meiner Schüler, die damit gearbeitet haben, schwanken interessanterweise zwischen Begeisterung und Verwirrung. Fest steht jedenfalls, dass der häufig mit einem Lehrerwechsel einhergehende Übergang zu einer konventionellen Grammatik für Schüler der natürlichen *Methode* eine geradezu traumatische, um nicht zu sagen *widernatürliche* Erfahrung ist.

Das kommt eben dabei heraus, wenn man dem Dual nur einziges Mal begegnet und bei dieser Gelegenheit für sein Vergessen büßen muss, nur um sich gleich darauf wieder von ihm zu verabschieden (so ungefähr drückte es die junge Schülerin aus, wie um sich bei mir und der altgriechischen Grammatik bis hin zu den Byzantinern zu entschuldigen, als wäre das alles ihre Schuld). Aber wir machen es uns zu leicht, wenn wir dem Sprachempfinden im Unterricht so wenig Aufmerksamkeit schenken und auf diese Weise mit dem Vergessen spielen. Es ist ein dilettantisches Spiel, wage ich zu behaupten, und noch dazu eines, das überhaupt keinen Spaß macht.

Paradoxerweise lernt man auf dem Gymnasium beharrlich die Formen des Duals, denn die Substantive und Verben werden rigoros im Singular, Dual und Plural durchdekliniert und konjugiert. Die Substantive verfügen im Dual über zwei Endungen, eine für den Nominativ, Akkusativ und Vokativ, die andere für den Genitiv und Dativ. So heißt es zum Beispiel in der ersten Deklination τὰ μοῖρα, »die zwei Schicksale«, und ταῖν μοίραιν, »der zwei Schicksale/den zwei Schicksalen«. Auch die Verben haben zwei Dualendungen, nämlich für die zweite und dritte Person. Im Indikativ heißt es beispielsweise στέλλετον, »ihr beide sendet«, und στέλλετον, »sie beide senden«. Man kann sich den Dual im Grunde also ganz leicht merken, ihn aber ebenso leicht auch wieder vergessen – was üblicherweise geschieht, sobald man die Seite umblättert. Wenn man schließlich doch irgendwann einen griechischen Text vor sich hat, in dem der Dual vorkommt, hat man ihn natürlich längst vergessen.

Während ich dieses Kapitel schrieb, habe ich mich oft gefragt, warum man in der Schule den Dual jedes Verbs und jedes Substantivs lernt, obwohl er so selten verwendet wird und noch dazu so zweideutig, intim und schwer einzuordnen ist. Ich habe mir deshalb die Zeit genommen, über den Sinn des Duals nachzudenken, um hier davon zu berichten.

Der Dual schien sich mir ständig zu entziehen und war in meinem Geist ebenso wenig fest verankert wie in den Versen Homers. Und beim Schreiben über ihn ist mir klar geworden, dass ich den Dual niemals wirklich verstanden hatte. Ich habe ihn immer als seltene Form, als exzentrisch und unlogisch abgetan, als etwas, das sich jeder Normierung und folglich jeder Antwort entzieht. Ich habe ihn immer als eine originelle grammatikalische Art des Altgriechischen empfunden, bis drei zu zählen: *Singular*, *Dual* und *Plural*. Und ich habe immer gedacht, dass es ausreiche, die Regeln zu kennen, um den Dual zu entschlüsseln und ihm einen Sinn zu geben, wenn er mir in einem Text begegne. Vor allem jedoch habe ich immer geglaubt, dass die Zählweise der altgriechischen Grammatik *eins*, *zwei*, *drei* oder *mehr* sei. Doch da habe ich mich getäuscht. Sehr sogar.

Der Dual hat nur deshalb einen Sinn, weil die alten Griechen die Notwendigkeit empfanden, sprachlich etwas auszudrücken, das über die *rein mathematische Zählung* hinausging – etwas, das uns abhandengekommen ist, weil wir viel zu sehr damit beschäftigt sind, unsere Wörter mathematischen

Regeln folgend zu benutzen. Dadurch haben wir den tieferen Sinn der Beziehungen zwischen den Menschen und zwischen den Dingen aus den Augen verloren.

Als ich endlich den wahren Sinn dieses Numerus begriffen hatte, verstand ich auch, weshalb man in der Schule den Dual jedes griechischen Wortes lernt.

Man lernt seine Formen *für den Fall, dass*. Man lernt sie vorsichtshalber, *für den Fall, dass* sich ein Autor zufällig – oder unglücklicherweise – für den Dual entscheidet, um die Beziehung zwischen zwei Augen, zwei Rindern, zwei Freunden, zwei Inseln, zwei Meeren, zwei Schwestern oder zwei Winden auszudrücken – eine Beziehung zwischen beliebigen Dingen derselben Art. In der Schule lernt man den Dual also *für den Fall, dass* man ihm *zufällig* begegnet.

Tatsache ist, dass sich der Sinn des Duals, der eine der ältesten, ursprünglichsten und unverfälschtesten Hinterlassenschaften des Indogermanischen darstellt, heute fast allen entzieht. Deshalb hat er in nur einer einzigen Lehrbuchzeile überlebt – einer Zeile, die uns nicht mehr das Geringste sagt. In der Sprachwissenschaft ebenso wie in unserer heutigen Kommunikation, die aus SMS und Tweets besteht, gewinnt am Ende immer das *Prinzip der Sprachökonomie*. Wenn mehrere Formen mit derselben Bedeutung existieren, setzt sich stets die einfachste, schnellste und unmittelbarste durch. Was die Banalisierung der Sprache betrifft, müssen wir uns nichts vormachen.

In zehn Jahren benutzen wir vermutlich gar keine Worte mehr, sondern drücken uns nur noch mithilfe von Emoticons aus.

So muss es auch dem Dual des Altgriechischen ergangen sein. Das Verständnis für die Zweisamkeit der Dinge schwand und ging in der praktischen Banalität des Plurals auf. Der Dual wurde als unnötig erachtet, aufgegeben und schließlich vergessen.

Diejenigen, die das Glück hatten, wahre Liebe zu erfahren, kennen den Unterschied, der zwischen den Formulierungen »wir beide« und »wir« besteht, aber mehr können auch sie nicht sagen. Um es wirklich auf den Punkt zu bringen, bräuchte es eben den Dual des Altgriechischen.

Die Fälle oder ein geordnetes Durcheinander der Wörter

> *Die abgewrackten Tabus,*
> *und die Grenzgängerei zwischen ihnen,*
> *weltennass, auf*
> *Bedeutungsjagd, auf*
> *Bedeutungs-*
> *flucht.*
>
> PAUL CELAN,
> aus *Fadensonnen*

Der Begriff »flektieren« ist vom lateinischen Verb *flectere* abgeleitet, das »biegen« oder »beugen«, also »die Richtung wechseln« bedeutet. Und genau das ist das Altgriechische: eine *flektierende* Sprache. Sie besteht aus frei verwendbaren Wörtern, deren Bedeutung sich mit der Flexion ändert und deren syntaktische Funktion sich mit der Deklination von einem Fall zum nächsten fortentwickelt.

Die Fälle der griechischen Wörter hat absolut nichts *Zufälliges* an sich. Sie sind vielmehr eine präzise syntaktische Kategorie der Sprache. Sie repräsentieren die *unterschiedlichen* Formen, die ein Nomen annimmt, um seinen *verschiedenen* Funktionen innerhalb eines Satzes gerecht zu werden: Die syntaktische Rolle der Wörter zeigt sich in ihrer Verän-

derung, genauer gesagt, in der *Beugung* des letzten
Wortteils, also ihrer Endung.

In einer Fabel des Äsop freuen sich Seereisende
darüber, einem Unwetter entronnen zu sein, ohne zu
bedenken, dass das nicht das letzte gewesen sein
könnte. Das Wort »Sturm«, ὁ χειμών, erscheint innerhalb des Textes in verschiedenen Formen, also
Fällen, um unterschiedliche syntaktische Funktionen
auszudrücken: als Akkusativobjekt, τὸν χειμῶνα,
und als Genitiv, τοῦ χειμῶνος, in einer speziellen,
Genitivus absolutus genannten Konstruktion:

Ἐμβάντες τινὲς εἰς σκάφος ἔπλεον. Γενομένων
δὲ αὐτῶν πελαγίων, συνέβη χειμῶνα ἐξαίσιον
γενέσθαι καὶ τὴν ναῦν μικροῦ καταδύεσθαι.
Τῶν δὲ πλεόντων ἕτερος περιρρηξάμενος τοὺς
πατρῴους θεοὺς ἐπεκαλεῖτο μετ' οἰμωγῆς καὶ
στεναγμοῦ χαριστήρια ἀποδώσειν ἐπαγγελλόμενος, ἐὰν περισωθῶσι. Παυσαμένου δὲ τοῦ
χειμῶνος καὶ πάλιν καινῆς γαληνῆς γενομένης, εἰς εὐωχίαν τραπέντες ὠρχοῦντό τε καὶ
ἐσκίρτων, ἅτε δὴ ἐξ ἀπροσδοκήτου διαπεφευγότες κινδύνου. Καὶ στερρὸς ὁ κυβερνήτης
ὑπάρχων ἔφη πρὸς αὐτούς· Ἀλλ', ὦ φίλοι,
οὕτως ἡμᾶς γεγηθέναι δεῖ ὡς πάλιν, ἐάν τύχῃ,
χειμῶνος γενησομένου. Ὁ λόγος διδάσκει μὴ
σφόδρα ταῖς εὐτυχίαις ἐπαίρεσθαι τῆς τύχης
τὸ εὐμετάβλητον ἐννοουμένους.

Einmal stiegen Leute in ein Boot und fuhren
los. Als sie sich auf hoher See befanden, geschah

es, dass plötzlich Sturm aufkam und das Schiff beinahe untergegangen wäre. Einer der Reisenden war außer sich vor Angst, rief die Götter seiner Heimat an und versprach ihnen unter Wehklagen und Jammern, Geschenke darzubringen, sobald die Reisenden gerettet seien. Als der Sturm aufgehört hatte und das Meer wieder ruhig geworden war, veranstalteten die Menschen ein Festmahl, tanzten und waren ausgelassen, da sie wider Erwarten mit dem Leben davongekommen waren. Da ergriff der Steuermann das Wort und sagte streng zu den Leuten: »Freunde, es ist notwendig, dass ihr euch nur so freut, als ob zu jeder Zeit wieder ein Sturm aufkommen könnte.« Die Geschichte lehrt, dass man sich nicht allzu sehr über sein Glück freuen und immer daran denken sollte, dass das Schicksal leicht umschlagen kann.[8]

Die romanischen Sprachen haben, obwohl sie aus dem Lateinischen, einer ebenfalls flektierenden Sprache, entstanden sind, die Deklination weitgehend verloren. Im Italienischen werden daher fast immer Präpositionen verwendet, um den Worten innerhalb eines Satzes ihren Sinn zu verleihen. Ganz anders als im Deutschen, eine der wenigen germanischen Sprachen, die noch heute stark flektieren.

Das Kasussystem des Altgriechischen erscheint uns heute bisweilen komplex und *mehrdeutig*. Für die Griechen dagegen stand es für Einfachheit und Klarheit, denn sie konnten anhand der letzten Silbe die Funktion und die Bedeutung der Wörter wie von selbst erkennen.

Alle Sprachen der Welt

Nachdem – wie es im Alten Testament heißt – die Nachfahren Noahs den Himmel durch den Turmbau zu Babel herausforderten und dafür bestraft wurden, schätzt man, dass auf der Welt heute etwa 4500 verschiedene Sprachen gesprochen werden – eine Zahl, die auf etwa 20 000 ansteigt, wenn man Spezialsprachen und tote Sprachen hinzurechnet. Mit anderen Worten: Das Sprachdesaster in Babylon hatte enorme Ausmaße.

Sprachen lassen sich in verschiedene Typen unterteilen. Flektierende Sprachen wie das Altgriechische, das Deutsche oder das Lateinische zeichnen sich – wie erwähnt – dadurch aus, dass sich die Wortfunktion aus der Veränderung der Endungen erschließt.

Für agglutinierende Sprachen wie das Ungarische oder Türkische ist ein Wortstamm charakteristisch, der für die Grundbedeutung steht und an den verschiede Affixe angefügt werden, um die grammatische Funktion zu bestimmen. Das aztekische Wort *nokalimes,* »meine Häuser«, zum Beispiel setzt sich aus den Bestandteilen *no* (»mein«), *kali* (»Haus«) und *mes* (»Plural«) zusammen.

Einen Extremfall der synthetischen Sprachen stellen die isolierenden Sprachen dar, in denen jedes Wort unveränderlich ist und eine autonome Bedeutung besitzt. Im Chinesischen etwa heißt es *wǒ ài tā, dànshi ta bù ài wǒ,* was wörtlich »ich lieben sie, aber sie nicht lieben ich« bedeutet, in deutsche Syntax übertragen also »ich liebe sie, aber sie erwidert meine Liebe nicht«.

Und schließlich gibt es polysynthetische Sprachen, in denen ein Satz aus einem einzigen, extrem langen Wort bestehen kann, wie beispielsweise in der Eskimosprache, wo *angyaghllangyugtuq* so viel wie »Er will ein großes Boot kaufen« bedeutet. Wer weiß, wie viele Missverständnisse man sich auf diese Weise ersparen kann.

Flexion und Kasussystem entstammen dem Indogermanischen, das nicht nur eine flektierende und synthetische Sprache war, sondern zugleich auch *agglutinierender* Natur – eine Bezeichnung, die vom Lateinischen *ad* und *gluten,* »Klebstoff«, abgeleitet ist und so viel wie »kleben«, »vereinigen« oder »verbinden«, also »etwas an etwas anderem ankleben« bedeutet.

Das Indogermanische war eine höchst komplexe Sprache. Nicht nur die syntaktische Funktion der Wörter war hier den Fällen anvertraut, sondern die

Wörter selbst wurden gebildet, indem sie mit Präfixen, Suffixen und anderen Wörtern verbunden wurden. Diese Charakteristik hat sich das Altgriechische durch den Gebrauch von Präpositionen bewahrt, welche die Bedeutung der Wörter beträchtlich verändern können, wie etwa ἀπό, »von«, ἐν, »in«, ἐπί, »darauf, dabei, dazu«, πρό, »vor, zuvor«, oder περί, »um, um herum«, um nur einige zu nennen. Das Indogermanische verfügte über insgesamt acht Fälle, also über acht verschiedene Formen ein und desselben Wortes, um damit unterschiedliche Funktionen auszudrücken: den Nominativ, den Vokativ, den Akkusativ, den Genitiv, den Dativ, den Lokativ, den Instrumental und den Ablativ. Die meisten dieser Fälle hatten eine logische Funktion. Der Nominativ zeigte das Subjekt des Satzes an, der Genitiv das Genitivobjekt, der Dativ das Dativobjekt und so weiter. Drei Fälle hingegen hatten eine ausgesprochen konkrete Bedeutung: Der Lokativ zeigte den Ort an, an dem man sich befand, der Ablativ den Ort, von dem man kam, und der Instrumental das Mittel, mit dem eine Handlung ausgeführt wurde.

Alle indogermanischen Sprachen haben im Laufe ihrer Entwicklung die Anzahl ihrer Fälle reduziert. Allerdings hat keine von ihnen ihr Kasussystem so sehr gestrafft wie das Altgriechische. Sogar einige jüngere Sprachen wie das Slawische oder das Armenische haben mehr Fälle bewahrt. Auch das Lateinische besitzt noch sechs Fälle. Im Altgriechischen sind es nur fünf. Kein anderes Volk hat sich demnach so sehr der Synthese verschrieben, um die syntaktische Funktion der Worte anzuzeigen.

Das Phänomen, das zum Verschwinden eines Falles und der Übertragung seiner Funktionen auf einen anderen führt, bezeichnet man als *Synkretismus*. So ist der Ablativ im Altgriechischen mit dem Genitiv verschmolzen, während Lokativ und Instrumental in den Dativ eingeflossen sind. Übrig geblieben sind diese fünf:

- **Der Nominativ**, ὀνομαστικὴ πτῶσις, gibt den Dingen einen Namen. Schon seine griechische Definition macht deutlich, dass er der Fall der Benennung und Bezeichnung ist. Er wird also dazu verwendet, um abstrakte oder konkrete Konzepte, Objekte oder Personen zu benennen: ἡ μοῖρα bedeutet »das Schicksal«, ὁ καρπός »die Frucht«. Seine wichtigste Funktion besteht darin, das Subjekt des Satzes anzuzeigen, also den Bestandteil, der eine durch das Verb ausgedrückte Handlung ausführt oder erduldet.

- **Der Genitiv**, γενικὴ πτῶσις, dient dazu, die Dinge zu unterscheiden. Er zeigt die Zugehörigkeit an und ist der Fall der Eigentums- und Besitzverhältnisse, der Abhängigkeit und Teilhabe, weshalb er im Deutschen auch *Wes-Fall* genannt wird.

Im Altgriechischen hat der Genitiv auch eine partitive Funktion, die häufig dazu verwendet wird, um den Teil eines größeren Ganzen oder den ganzen

Bereich eines genannten Teils auszudrücken *(Genitivus partitivus* beziehungsweise *quantitatis)*: πολλοὶ τῶν ἡγεμόνων, »viele der Anführer«.

Es ist der Fall des Besitzes *(Genitivus possesoris)* im konkreten ἡ ἀγορὰ τῶν Ἀθηναίων, »die Agora der Athener«, wie im übertragenen Sinne (ἐστὶ τοῦ πολίτου, »es ist die Aufgabe der Bürger«) sowie der materiellen Beschaffenheit (*Genitivus materiae*: ἡ κόμη χρυσοῦ, »das Haar aus Gold«).

Darüber hinaus zeigt der Genitiv den Wert oder Preis von etwas an (*Genitivus pretii:* ἡ ἀξία τῆς μιᾶς δραχμῆς, »der Wert einer Drachme«), Maße und Zahlenangaben (*Genitivus qualitatis:* ἡ ὁδὸς τεττάρων σταδίων, »der Weg ist vier Stadien lang«) sowie den Ursprung (*Genitivus originis:* ὁ ἄνθρωπος τῆς γηνῆς, »ein Mann aus dem Geschlecht«).

Und schließlich hat der Genitiv noch die Funktionen des indogermanischen Ablativs übernommen, also alles, was sich im weitesten Sinne dem Bereich von Abstammung und Herkunft zuordnen lässt. Deshalb werden auch die Bewegungsrichtung sowie Angaben des Ursprungs und des Grundes im Genitiv ausgedrückt. Zudem ist er mit bestimmten Präpositionen verbunden.

- **Der Dativ**, δοτικὴ πτῶσις, drückt das *Wem*, *Womit* oder *Wo* aus. Er zeigt den Adressaten einer durch das Verb ausgedrückten Handlung an. Seine ursprüngliche Bedeutung, von der er seinen Namen hat, ist mit dem Konzept des *Gebens* verbunden und drückt aus, wer an einem Vorgang beteiligt ist beziehungsweise wem oder was er dient.

Zu diesen eigentlichen syntaktischen Funktionen des Dativs kommen im Altgriechischen jene des indogermanischen Lokativs und des Instrumentals hinzu. Im Dativ werden also mithilfe von Präpositionen auch die Lage an einem Ort (*Dativus loci*: τῇ νήσῳ, »auf der Insel«), der Zeitpunkt (*Dativus temporis*: τῇ ἡμέρᾳ, »am Tag« beziehungsweise »tagsüber«) sowie Mittel *(Dativus instrumentalis)*, Art *(Dativus modi)*, Art der Gemeinschaft *(Dativus sociativus)* und Beweggründe *(Dativus causae)* ausgedrückt.

Und schließlich sieht das Altgriechische noch eine ganz besondere Verwendung für diesen Fall vor, nämlich den Dativ des Besitzers *(Dativus possesivus)*. Hier erscheint das Verb *sein* zusammen mit dem im Dativ stehenden Besitzer, der in der deutschen Übersetzung zum Subjekt wird: Diese Form existiert auch im Lateinischen und nennt sich *sum pro habeo*, wörtlich »ich bin anstelle von ich habe«. Im Griechischen finden wir also εἰσιν μοι δύο παῖδες, »mir sind zwei Kinder« im Dativ, bei uns »ich habe zwei Kinder«.

- **Der Akkusativ**, αἰτιατικὴ πτῶσις, zeigt die Richtung an beziehungsweise die Bewegung auf ein Ziel zu. So, wie der Nominativ für das Subjekt steht, drückt der Akkusativ das Objekt aus und vervollständigt den Sinn des Satzes, indem er die Frage nach dem *Wen* oder *Was* beantwortet. In seiner ursprünglichen Bedeutung zeigt er eine Bewegung vorwärts an beziehungsweise auf einen Ort, ein Ziel, einen Zeitpunkt oder eine Person zu. Deshalb werden die Konzepte der Bewegungsrichtung (τὰς Δελφιάς, »nach Delphi«), der Ausdehnung von Raum und Zeit (τὴν νύκτα, »während der Nacht«) und des Bewegungsortes (τὴν ἀτραπόν, »den Weg entlang«) im Akkusativ ausgedrückt.

- **Der Vokativ**, κλητικὴ πτῶσις, soll durch Anrufung und direkte Anrede die Aufmerksamkeit erregen. Oftmals mit dem vorangestelltem Ausruf ὦ, »oh!«, wendet er sich mit einer Anrufung, einer Bitte, einer Frage, einer Antwort, einem Befehl oder einer Bestätigung direkt an eine Person oder Sache. Oder er dient einfach nur dazu, um jemanden voller Liebe anzusprechen – so, wie ein Kind es tut, wenn es ὦ μῆτερ, »Mama«, sagt.

Die genaue syntaktische Anordnung der Wörter innerhalb eines Satzes, die eine Sprache vorsieht, bezeichnet man mit dem lateinischen Ausdruck *ordo verborum,* wörtlich *Wortordnung*. Im Deutschen spricht man von *Wortfolge* oder *Wortstellung*. Das Kasussystem des Altgriechischen kann die Funktion der Wörter äußerst genau anzeigen und sorgt auf diese Weise für ein formidables* Spektakel: Die Wortstel-

---

* *Formidabel,* vom lateinischen *formido*, was so viel wie »Furcht« oder »Schrecken« bedeutet, ist eines meiner Lieblingsworte.

lung eines Satzes folgt keiner präzisen Logik, sondern hängt von der persönlichen Ausdrucksweise des jeweiligen Sprechers oder Autors ab. Die Reihenfolge

---

Eigentlich handelt es sich um eine *vox media*, ein Wort also, das seinen ursprünglichen Sinn verliert und stattdessen zwei einander widersprechende und dennoch gleichermaßen richtige Bedeutungen erhält: *gut/schlecht, positiv/negativ*. Es liegt dann im Ermessen des Sprechers oder Übersetzers einer Sprache, die passende Bedeutung einer *vox media* zu wählen. Es ist eine große Verantwortung, die uns die jeweilige Sprache damit auferlegt. *Formidabel* kann nämlich etwas so Grauenerregendes (auch wenn diese Bedeutung im Deutschen zugegebenermaßen kaum noch gebräuchlich ist) oder etwas dermaßen Schönes meinen, dass es gleichermaßen zum Fürchten ist. Es ist mithin ein Wort, das einen auf die eine oder andere Weise *erschaudern* lässt.

Auch das lateinische *fortuna*, »der Zufall«, kann ebenso für etwas Gutes wie für etwas Schlechtes stehen. *La tempesta*, »das Unwetter«, kann sich im Italienischen ganz allgemein auf den atmosphärischen Zustand oder auf einen starken Wind beziehen. Und etwas, das uns vor Staunen den Mund offen stehen lässt, ganz gleich, ob schön oder furchterregend, nennen wir *Monstrum*.

Auch im Altgriechischen gibt es *vox media*, zum Beispiel Ὁ αἴτιος, »der Verursacher«, im positiven wie im negativen Sinne, weshalb es auch »der Schuldige« heißen kann. Ὁ κίνδυνος kann »Wagnis« oder »Abenteuer« bedeuten, meint in erster Linie jedoch (vor allem für die Ängstlichen) »die Gefahr«. Das Verb πάσχειν, das in seiner Grundbedeutung mit »etwas erleben« zu übersetzen ist, kann ebenso »genießen« wie »erleiden« meinen. Und schließlich ἡ ἐλπίς, »die Erwartung«, oszilliert zwischen »Hoffen« und »Bangen«, wie jeder weiß, der auf etwas wartet.

der Wörter ist im Griechischen frei wählbar und unbelastet von jeder syntaktischen Verpflichtung. Natürlich stehen die Nebenwörter *fast* immer hinter dem Hauptwort eines Satzes und die durch ihre Bedeutung miteinander verbundenen Wörter befinden sich *fast* immer nebeneinander. Allerdings können durch den Sinn eigentlich miteinander verbundene Wörter auch getrennt voneinander, an entfernten Stellen des Textes erscheinen, wenn der Autor damit bestimmte sprachliche Effekte erzielen will.

Grundsätzlich existieren im Altgriechischen also verschiedene Arten, die Wörter in ihren Fällen innerhalb eines Satzes anzuordnen. Die Sprecher waren niemals gezwungen, sich nur an eine einzige, verpflichtende Möglichkeit zu halten, die Wörter aneinanderzureihen.

Vor allem diente eine bestimmte Anordnung niemals dazu, eine syntaktische Funktion auszudrücken. Jedes griechische Wort, das wir heute in den Texten lesen, befindet sich nach dem Willen des Autors genau dort, wo es ist – und nicht anderswo. Es ist seine ganz persönliche, einmalige Entscheidung. Und der Grund dafür ist die einzigartige Weise, in der die altgriechische Sprache ihr Kasussystem anwendet. Es handelt sich um eine Art geordnete Anarchie der Wörter, eine unvergleichliche, von jeder syntaktischen oder logischen Fessel entbundene Ausdrucksfreiheit. Tatsächlich sind die Wortstellungsmöglichkeiten in keiner anderen flektierenden Sprache – weder im Lateinischen noch im Sanskrit –

so variabel und folglich so *persönlich* wie im Altgriechischen. Dank dieser außergewöhnlichen Flexibilität hat die griechische Literatur jene Gewandheit, Dramatik und Lebensnähe erreicht, die wir an den Werken der großen Dichter so sehr schätzen. Man denke nur an Platons eindringliche Dialoge, die Spannung in den Tragödien von Sophokles oder den Liebesschmerz in Sapphos Versen.

Man kann also sagen, dass das Altgriechische mit seiner Kasusvielfalt und seinen tausend Anomalien die Essenz des Indogermanischen bewahrt hat, nämlich eine reiche, für ein breites Bedeutungsspektrum sorgende Flexion, die den Wörtern eine große Autonomie verleiht. Und diese vollkommene Wortstellungsfreiheit des Altgriechischen hat zur Folge, dass jedes Wort, so, wie es neben einem anderen steht, einen eigenen stilistischen Aussagewert erhält. Insofern hat also auch die Reihenfolge, in der die Wörter innerhalb eines Satzes angeordnet werden, etwas zu sagen.

Das Italienische hat zwar die Fallendungen verloren, nicht aber die syntaktischen Funktionen der Wörter innerhalb eines Satzes. In der Formulierung »il libraio loda il ragazzo« (»der Bibliothekar lobt den Jungen«) ist »il libraio« das Subjekt, »loda« das Prädikat und »il ragazzo« das Objekt. Wenn der Satz hingegen »il ragazzo loda il libraio« (»der Junge lobt den Bibliothekar«) lautet, wird »il ragazzo« zum Subjekt und »il libraio« zum Objekt. Die Funktion der Wörter wird durch die Syntax ausgedrückt, also durch ihre Position im Verhältnis zum Verb. Die Wortstellung kann nicht verändert werden, ohne auch die Bedeutung des Satzes zu ändern. Ganz anders im Deutschen. Hier könnte man ebenso gut »den Jungen lobt der Bibliothekar«, »es lobt der Bibliothekar den Jungen« oder »den Jungen der Bibliothekar lobt« sagen, ohne dass der Sinn des Satzes verloren ginge – auch wenn es vielleicht nicht immer schön klingt.

Wenn man denselben Satz, »der Bibliothekar lobt den Jungen«, auf Altgriechisch sagen wollte, könnte man dank des Kasussystems die Reihenfolge Subjekt, Prädikat und Objekt in ähnlicher Weise austauschen, ohne dass es an der Bedeutung des Satzes das Geringste änderte: ὁ βιβλιοπώλης ἐπαινεῖ τὸν νεανίαν bedeutet dasselbe wie ἐπαινεῖ τὸν νεανίαν ὁ βιβλιοπώλης (»es lobt der Bibliothekar den Jungen«) oder τὸν νεανίαν ὁ βιβλιοπώλης ἐπαινεῖ (»den Jungen der Bibliothekar lobt«). Möglich ist das, weil im Griechischen – wie im Deutschen – die syntaktischen Funktionen von Subjekt und Objekt unabhängig von ihrer Position innerhalb des Satzes durch die Endungen und Artikel der Fälle *Nominativ* und *Akkusativ* angezeigt werden.

Gehen wir nun noch einen Schritt weiter, indem wir unserem Satz ein weiteres Element hinzufügen. Sagen wir nun »il libraio loda la saggezza del ragazzo« (»der Bibliothekar lobt die Klugheit des Jungen«). In diesem Fall gesellen sich zu Prädikat (»loda«) und Subjekt (»il libraio«) das Akkusativobjekt »la saggezza« (»die Klugheit«) und »del ragazzo« (»des Jungen«) als Genitivobjekt. Wiederum hängt die Bedeutung des Satzes im Italienischen allein von der Wortfolge ab. »Die Klugheit« ist Eigentum »des Jungen«. Die Bedeutung der italienischen Formulierung hängt also von Syntax und Wortfolge ab.

Im Altgriechischen könnte man den Satz »der Bibliothekar lobt die Klugheit des Jungen« – wie im Deutschen – auf verschiedene Arten formulieren, etwa ὁ βιβλιοπώλης τὴν τοῦ νεανίου σωφροσύνην ἐπαινεῖ (»der Bibliothekar des Jungen Klugheit lobt«). In diesem Fall befindet sich das Prädikat am Ende des Satzes, das Subjekt am Anfang, das Akkusativobjekt buchstäblich *inmitten* des Begriffs, auf den es sich bezieht. Diese Konstruktion, die man als Brücke bezeichnet, ist bei Übersetzungen eine wichtige Orientierungshilfe. Das, was in der Mitte steht, bezieht sich stets auf das darum herum. Auf diese Weise entsteht mithilfe der Artikel und Endungen eine innere Verbindung, eine Art *Sinnbrücke* eben.

Eines Abends im Vorfrühling war ich mit einem guten Freund und Lehrer in einer Mailänder Bar – es war nicht mein Altgriechisch-, sondern mein Lebenslehrer. Der Hintergrund unseres Treffens war ausgesprochen erfreulich, denn wir stießen mit Champagner auf die Erfolge im Leben des jeweils anderen an.

Dann erwähnte ich dieses Buch, und er erbleichte. Das Wort »altgriechisch« auch nur zu hören reichte aus, um meinem Freund schlagartig die Laune zu verderben. Mit schlechtem Gewissen gestand er mir, sich in der Schule einmal vor dem Abfragen der dritten Deklination gedrückt zu haben. Es war *dreißig Jahre* her, doch für einen ehemaligen Griechischschüler fühlt sich so etwas an, als wäre es gerade erst *vorgestern* gewesen. Mit gesenktem Kopf und reumütig wie ein Deserteur erzählte er mir, dass er sich aus lauter Angst, sein Wissen über die Fälle könnte abgefragt werden, ein ganzes Jahr lang krank gestellt habe. Am Ende gelang es ihm nur dank eines Kuhhandels mit dem Lehrer, bestehend aus Beschwörungen, Schwüren und Versprechungen, das Schuljahr straffrei zu überstehen.

Das Sprachtabu

Es gibt Worte, die man eigentlich nicht sagt, sogenannte Sprachtabus.
»Tabu« ist ein polynesisches Wort, das für alles Heilige und somit Nichterlaubte steht. Im allgemeinen Sprachgebrauch bezieht es sich auf alle Bereiche des menschlichen Daseins, die mit irgendwelchen Verboten des *Handelns* oder *Sprechens* belegt sind.
Unter Sprachtabu versteht man folglich das Verbot des Aussprechens von Wörtern, die sich auf unter-

sagte, also *tabuisierte* Gegenstände oder Personen beziehen. Es können dies Bezeichnungen von Tieren, Pflanzen, Verhaltensweisen oder Handlungen sein, die in einer bestimmten Gesellschaft mit sakralen Werten behaftet, Ehrfurcht gebietend, Auslöser von starker Verlegenheit oder ganz allgemein einer großen irrationalen Angst sind. Und weil diese Begriffe in Gesprächen nicht verwendet werden dürfen, müssen sie durch andere ersetzt werden. Man spricht in diesem Zusammenhang von Euphemismen (vom griechischen εὐφημέω, eigentlich »Worte mit guter Vorbedeutung sprechen«, also »Worte mit schlechter Vorbedeutung vermeiden« beziehungsweise »andächtig schweigen«) oder Periphrasen (vom griechischen περιφράζω, »um etwas herumreden«).

Aufgrund ihrer sozialen Natur unterscheiden sich die Sprachtabus verschiedener Gesellschaften oder Epochen. Man denke nur an all die Worte mit Bezug zur menschlichen Sexualität, die noch vor einem halben Jahrhundert als unaussprechlich galten. Ein paar Beispiele gefällig? Im Arabischen wird die Lepra »gesegnete Krankheit« genannt, und ein Blinder ist ein »Mann mit scharfem Blick«. Im Lateinischen wird das Totenbett als *lectus vitalis,* also »Lebensbett« bezeichnet.

Die Geschichte einiger Sprachtabus ist recht kurios. Die Stadt Benevento in Irpinien zum Beispiel, einer hügeligen Region in Süditalien, hieß ursprünglich *Maleventum,* also »schlechter Wind« oder »schlechtes Ereignis«. Nachdem die Römer den Ort im Jahr

268 v. Chr. erobert hatten, änderten sie den Namen in *Beneventum,* damit die Stadt nicht unter einem schlechten Stern steht.

Die Windstille hieß im Lateinischen *malacia,* was vom griechischen ἡ μαλακία, »Schlaffheit, Milde«, also »ruhiger Wind«, abgeleitet war. Das Wissen um die Herkunft des Wortes ging jedoch verloren, und man glaubte, *malacia* komme von *malus,* »schlecht«. Der Aberglaube der Seeleute machte aus der Flaute schließlich den *bonus,* was wiederum zur *bonaccia* (»Windstille«) der romanischen Sprachen führte.

Bei einigen Völkern darf man bestimmte Worte unter keinen Umständen aussprechen. Bei den grönländischen Inuit etwa sind die Namen der Gletscher tabu, und bei den Eingeborenen in Australien die Eigennamen von Bestatteten. In China war es sogar verboten, den Namen des Kaisers aufzuschreiben – er wurde durch Ersatzzeichen umschrieben.

Bemerkenswert ist die Entstehung der Bezeichnungen für den Bären in den germanischen und slawischen Sprachen. Dieses Tier war so schrecklich für jene Völker, dass sie sich noch nicht einmal trauten, seinen Namen auszusprechen, aus Furcht, es könnte dann urplötzlich aus den Wäldern auftauchen. Das deutsche *Bär* und das englische *bear* bedeuten in Anspielung auf seinen Pelz nichts weiter als »der Graue«. In slawischen Sprachen wie dem Russischen heißt er *medved,* was wörtlich »Apfelfresser« bedeutet, so, als hoffte man, er sei ein Vegetarier, der keine Menschen verspeise.

Viele Formulierungen, die wir heute verwenden, sind Euphemismen, weil wir sie, wie das Wort »Übergröße«, für politisch korrekt halten. Um nicht von Entlassungen zu sprechen, benutzen wir lieber den Begriff »Sozialplan« oder reden von »Kollateralschäden«, um nicht sagen zu müssen, dass während eines Militäreinsatzes Zivilisten getötet wurden.

༄༄༄༄༄༄༄༄༄༄༄༄༄

Natürlich munterte ich meinen Freund auf, schenkte ihm Champagner nach, und die unschöne Erinnerung an die geschwänzte Prüfung verblasste. Doch am nächsten Morgen, kurz nach Sonnenaufgang, bekam ich eine SMS: »Andrea, ich hatte Albträume heute Nacht. Der Punkt ist, dass ich die ganze Sache mit den Fällen im Altgriechischen nie richtig verstanden habe.«

Für einen deutschsprachigen Leser ist es vielleicht schwer zu verstehen, aber wir Italiener empfinden angesichts des griechischen Kasussystems eine tiefe Verunsicherung, denn es ist unmöglich, so etwas wie eine *automatische* Übereinstimmung zwischen einem bestimmten Fall und einer bestimmten Bedeutung festzulegen. Hinzu kommt, dass das Altgriechische eben einfach nicht unsere Sprache ist und es auch niemals sein wird.

Als ich damit begann, Altgriechisch zu unterrichten, habe ich schnell festgestellt, wie wenig wir über unsere eigene Sprache wissen. Dabei ist eine umfassende Kenntnis der *eigenen* Grammatik nicht nur für das Studium des Altgriechischen unerlässlich, sondern auch für das Erlernen jeder anderen Sprache. Wie können wir jemals eine adverbiale Bestimmung des Grundes, ein Verb im Konjunktiv oder einen Finalsatz verstehen, wenn wir diese syntaktischen Funktionen noch nicht einmal in unserer eigenen Sprache kennen? Dennoch geschieht es oft genug, dass Menschen ihre eigene Sprache nicht beherrschen – wie soll es dann mit einer anderen klappen, sei es nun eine lebende oder eine tote.

Wenn es um das Altgriechische geht, kommen wir also nicht darum herum, uns anzustrengen und richtig nachzudenken, weshalb ein paar Hinweise zur Handhabung des Kasussystems nicht schaden können. Zunächst ist es wichtig, sich die semantische Natur der Wörter, also ihren realen Aussagewert klarzumachen, indem man intuitiv nach der richtigen Bedeutung sucht. So ist zum Beispiel davon auszugehen, dass in einem kriegerischen Kontext von Soldaten, Strategen, Lagern und militärischer Taktik die Rede ist. In einem Text über das Meer hingegen wird man eher Begriffe wie Bug, Heck, Ruderer oder in den Wind gestellte Segel antreffen.

Wenn man das Altgriechische und sein Kasussystem verstehen will, darf man niemals abschalten und kein einziges Wort aus den Augen verlieren.

Der Artikel und seine Position im Verhältnis zum Nomen, auf das er sich bezieht, sind hervorragende Verbündete, wenn es darum geht, das Kasussystem und die unabhängige Wortstellung zu entschlüsseln. Ganz anders im Lateinischen, das keine Artikel besitzt, die dem Übersetzer als Orientierungshilfe dienen könnten (das sei all denen gesagt, die glauben, Latein sei einfacher als Altgriechisch).

Auch die Pronomen, also jene Worte, die *anstelle* eines Nomens stehen, sind treue Gefährten auf dem Weg zum Verständnis des Satzes, denn auch sie müssen sich schließlich auf irgendetwas oder irgendjemanden beziehen.

Außerdem ist anzunehmen, dass Verben der Bewegung wahrscheinlich von einem Ort begleitet werden, sei es nun im Genitiv in Form einer Herkunftsangabe (aus Athen), im Dativ als Ortsangabe (in Athen) oder im Akkusativ als Richtungsangabe (nach Athen).

Und auch im Fall von Zweifeln und Unsicherheit sollten wir uns nicht verrückt machen, denn auf seine Weise spricht das Altgriechische selbst mit uns. Wenn man einmal nicht weiß, um welches Objekt es sich handelt, reicht es zumeist aus, sich die Grundidee ins Gedächtnis zu rufen, die sich hinter jedem Fall verbirgt: Der Nominativ ist stets der Fall des Benennens, also des Subjektes. Der Genitiv gibt die Zugehörigkeit und die Herkunft von etwas an. Der Dativ drückt die Idee des Gebens aus und zeigt den an einem Vorgang Beteiligten an. Der Akkusativ schließlich zeigt mit dem Finger auf das Objekt, von dem die Rede ist. Wie sagte doch eine Freundin, auch sie eine Gräzistin, einmal lachend zu mir: »Ich wünschte mir die Welt etwas mehr im Dativ und weniger im Akkusativ!«

Nachdem sie einmal den Kontakt zu ihren linguistischen Ursprüngen verloren hatten, haben alle indogermanischen Sprachen ihr Kasussystem teilweise bis hin zur völligen Abschaffung reduziert. Auch die Flexion des Altgriechischen hat seit dem Aufkommen der κοινή einen Prozess der Vereinfachung durchgemacht, der mit einer Vernachlässigung der Fälle seitens der Sprechenden einherging (zu denen in Zeiten der κοινή längst nicht mehr nur Griechen gehörten, sondern Völker der gesamten *hellenistischen* Welt). Viele Wörter begannen im 3. Jahrhundert v. Chr., seltsam und schwierig zu klingen. Die Unregelmäßigkeiten in der Kasusbildung wurden als so aufwendig empfunden, dass sie den Sprechenden geradezu *falsch* erschienen und im Zuge der Reduzierung auf ein vereinfachtes Model *korrigiert* wurden.

Die Farben der Griechen

»Wie anders sahen die Griechen in ihre Natur, wenn ihnen, wie man sich eingestehen muss, das Auge für Blau und Grün blind war, und sie statt des Ersteren ein tieferes Braun, statt des Zweiten ein Gelb sahen (wenn sie also mit gleichem Worte zum Beispiel die Farbe des dunklen Haares, die der Kornblume und die des südländischen Meeres bezeichneten, und wiederum mit gleichem Worte die Farbe der grünsten Gewächse und der menschlichen Haut, des Honigs und der gelben Harze: sodass ihre größten Maler bezeugtermaßen ihre Welt nur mit Schwarz, Weiß, Rot und Gelb wiedergegeben haben), – wie anders und wie viel näher an den Menschen gerückt musste ihnen die Natur erscheinen, weil in ihrem Auge die Farben des Menschen auch in der Natur überwogen, und diese gleichsam in dem Farbenäther der Menschheit schwamm!« – So sinnierte Friedrich Nietzsche im 426. Aphorismus der 1881 erschienenen *Morgenröte* über das seltsame Farbenverständnis der alten Griechen.

Schon Goethe hatte in seinem Werk *Zur Farbenlehre* (1810) festgestellt, dass der griechische Farbenwortschatz ungewöhnlich ist, also außerhalb jeder Norm liegt und sich sehr von unserem unterscheidet. Die Farbassoziationen waren so ungewohnt, dass sich einige Gelehrte des 18. und 19. Jahrhunderts zu der verrückten Behauptung verstiegen, die Griechen hätten gar keine Farben sehen können. Natürlich sahen sie Farben, denn das menschliche Auge war schon immer das, was es ist. Nur drückten sie die Farben auf andere Weise aus.

Für die Griechen waren sie vor allem *Leben* und *Licht* – eine durch und durch menschliche, optische und nicht physikalische Erfahrung, die nichts mit dem von Isaac Newton erörterten Farbspektrum eines Prismas zu tun hat. In der *Ilias* und der *Odyssee* benennt Homer nur vier Farben: das Weiß der Milch, das Purpurrot des Blutes, das Schwarz des Meeres sowie das Gelbgrün des Honigs und der Felder.

Schwarz (μέλας) und Weiß (λευκός) standen für das Dunkel und das Licht (das lateinische Wort *lux*, »Licht«, hat dieselbe Wurzel wie die griechische Farbe). Und nach Ansicht der Griechen war es die Mischung von Licht und Schatten, aus welcher die Farben entstanden. Das altgriechische Wort ξανθός bezeichnet eine Farbe, die irgendwo zwischen Gelb, Rot und Grün liegt – Kupfergrün würden wir es vielleicht nennen. Es ist der warme Farbton reifen Getreides und der Haare der blonden homerischen Helden, aber auch des rötlichen Feuerscheins, der die Nacht erhellt oder des orangefarbenen Balls der untergehenden Sonne.

Das Adjektiv πορφύρεος bedeutet »aufgeregt«, »in ständiger Bewegung seiend«, »kochend« oder auch »purpurfarben« – ein Ton, der von Blutrot bis hin zu Blau changieren kann. Πορφυρεύς meint den »Purpurfischer« beziehungsweise »-färber«, jenen Berufsstand also, der den Farbstoff aus der Purpurschnecke gewinnt und anschließend weiterverarbeitet.

Die Farbe κυάνεος, »Schwarzblau« beziehungsweise »Cyan«, bezeichnet ganz allgemein die Farbe Blau, deren Spektrum von Azurblau über Dunkelrot bis hin zum Schwarz des Todes reicht.

Meine griechische Lieblingsfarbe ist γλαυκός, »Graublau«. Als Adjektiv bedeutet das Wort vor allem »glänzend«, »glitzernd« oder »leuchtend« und meint damit das im Licht schimmernde Meer. Κυάνεος sind auch die Augen Athenas, »hell wie die einer Eule«, himmelblau, azur, graublau.

Zu den ersten, die auf dem *strahlenden* Charakter der griechischen Farben beharrten, gehörte der Homerforscher und englische Politiker William Gladstone (1809–1898). In den Jahrhunderten zuvor hatte sich, nachdem auch bei anderen Völkern und sogar in der Bibel dieselben sprachlichen Merkwürdigkeiten hinsichtlich der Farbbenennung bemerkt worden waren, eine heftige akademische Debatte über die Möglichkeit entzündet, dass die antiken Menschen in physiologischer Hinsicht – also auf organischer Ebene – weniger Farben wahrnahmen als wir mit unseren Augen. Man sprach sogar von der *Blindheit der Griechen*.

Die Theorien von Charles Darwin (1809–1882) sowie die medizinische Forschung haben jedoch ohne jeden Zweifel das Gegenteil bewiesen. Die alten Griechen sahen das Meer, die Felder, den Himmel oder die Landschaft in denselben Farben, wie wir es heute tun – oder vielleicht sogar in schöneren, denn sie hatten das Bedürfnis, sie auf eine sehr viel persönlichere Weise auszudrücken.

Die alten Griechen gaben jeder Farbe eine andere Bedeutung, einen eigenen *Leuchtsinn* und *Klarheitsgrad*. Sie sahen das Licht und verliehen ihm *farbliche*

Intensität. So ist der Himmel bronzefarben, weit und sternenbedeckt, aber niemals einfach nur blau. Die Augen *schimmern* graublau, sind aber niemals nur blau oder grau.

In einem weiteren Prozess, der sich in fast jeder Sprache bis hin zum mittelalterlichen Latein vollzieht, wird die Funktion der Fälle nach und nach durch den immer häufigeren Gebrauch von Präpositionen verdrängt. Während das Verb πείθω, »glauben, vertrauen«, im klassischen Altgriechisch mit dem Dativ steht, folgt später darauf einfach die Präposition ἐπί, »an, bei, auf«. Gleichzeitig verschwindet der Dativ bis zum Mittelalter vollständig.

Das Vorhandensein einer gehobenen Schriftsprache und die besonders starke kulturelle Tradition haben diese Entwicklung im geschriebenen und damit auch im gesprochenen Griechisch eine gewisse Zeit verdecken und hinauszögern können. Die Griechen selbst haben die Veränderungen in der Sprache, die sie tagtäglich benutzten, vermutlich kaum bemerkt, während wir heute mühsam versuchen, sie zu rekonstruieren oder sie im Rückspiegel der Sprachgeschichte zumindest zu erhaschen.

Fast alle indogermanischen Sprachen lassen im Laufe der Jahrhunderte eine Abschwächung der Endsilben erkennen, bis hin zu ihrem völligen Verschwinden in den verschiedenen neuen Sprachen, die aus ihnen entstanden sind. So wurde zum Beispiel aus der lateinischen Zahl *unum* das französische *un*, das italienische und spanische *uno* sowie das portugiesische *um*. Wie wir gesehen haben, besaß das Altgriechische jedoch eine ganz eigene Betonung, die es den Sprechenden nicht erlaubte, die Worte zu *zerbrechen* oder auch nur etwas von ihnen abzuschneiden. Infolgedessen hat sich die Grammatik des Altgriechischen beinahe ohne äußere Anzeichen vereinfacht, denn fast alle Endsilben sind erhalten geblieben.

Diese Widerstandskraft hängt also vor allem von der Aussprache ab, die keine Abschwächung der Schlussvokale zuließ. Deshalb finden wir im Neugriechischen die Worte φίλος, »Freund«, und ἡμέρα, »Tag«, auch noch buchstabengetreu genauso vor, wie wir sie aus dem Altgriechischen kennen. Franzosen, Italiener und Spanier waren sich vom 10. Jahrhundert n. Chr. an bewusst, dass ihre Wörter sich durch den Verlust der lateinischen Endsilbe so stark verändert hatten, dass sie nicht mehr in derselben, sondern in verschiedenen Sprachen kommunizierten.

Das Griechische hingegen hat eine stille, *interne* grammatikalische Entwicklung durchlebt, ohne irgendeinen Bruch oder eine Revolution – noch nicht einmal im Kasussystem. Die neugriechische Sprache verfügt noch über vier Fälle, in denen die Wörter dekliniert werden. Der Dativ ist verschwunden, doch es finden sich Nominativ, Genitiv (selten im Plural benutzt), Akkusativ und Vokativ. Aufgrund dieser eigentümlichen Kontinuität sind die Griechen sich niemals eines Übergangs vom Alt- zum Neugriechischen bewusst geworden – wenn es einen solchen denn jemals gegeben hat.

Ein Modus namens *Wunsch*. Der Optativ

> *Wenn Du mir sagst, warum das Moor*
> *unpassierbar erscheint, dann werde ich*
> *Dir sagen, warum ich denke, dass*
> *ich hinüberkomme, wenn ich's versuch.*

MARIANNE MOORE,
I may, I might, I must

Wunsch. Im Italienischen *desiderio,* im Französischen *désir*, im Spanischen *deseo* und im Portugiesischen *desejo*. Sie alle sind vom lateinischen *desiderium* abgeleitet, das sich aus *de-sidera* zusammensetzt, also einer Präposition, die Entfernung anzeigt, und dem Wort für »Sterne«. Es bedeutet, den Blick auf eine Person oder eine Sache zu richten, die einen anzieht, so, wie man in der Nacht den Blick auf die Sterne richtet.

Entfernung, also den Blick abwenden und anderswo hinsehen. Die Sterne sind nicht mehr zu sehen. Entbehrung, also mit den Gedanken eine Sache oder Person fixieren, die man nicht besitzt, nach der es einen aber verlangt. Wünschen also.

Im Altgriechischen drückt man all dies im Optativ aus – so wie in diesem Fragment von Archilochos:

Εἰ γὰρ ὣς ἐμοί γένοιτο χεῖρα Νεοβούλης θιγεῖν
καὶ πεσεῖν δρήστην ἐπ' ἀσκὸν κἀπὶ γαστρὶ
γαστέρα
προσβαλεῖν μηρούς τε μηροῖς.

Wenn es mir doch möglich wäre, einfach nur
mit der Hand Neobule zu berühren!
...und sich mit ganzer Kraft auf ihren Leib
werfen und den Bauch an ihren Bauch,
die Schenkel an ihre Schenkel pressen.[9]

Das Altgriechische begriff die Realität in sprachlicher Hinsicht vollkommen anders und stellte sie auch anders dar, nämlich mittels der sorgfältigen Anwendung von Verbmodi. Im Altgriechischen wurde jede menschliche Handlung auf der Basis ihres Realitätsgrades bewertet, und jedem dieser Grade war ein spezifischer, vom Sprecher zu wählender Verbmodus zugeordnet. Ein im Indikativ konjugiertes Verb zeigte also, unabhängig von seiner syntaktischen Funktion innerhalb des Satzes, die *Objektivität* eines Sachverhalts an. Oder es drückte eine *Absicht* beziehungsweise *Möglichkeit* aus, wenn es im Konjunktiv oder Optativ konjugiert wurde. Ἀναβιῴην νυν πάλιν, »lieber wachte ich wieder auf!«, sagt der Tote bei Aristophanes (*Frösche*, 177).

Im Altgriechischen bestimmt allein der Sprechende darüber, wie er das Leben einschätzt und bewertet, indem er vollkommen frei entscheidet, in welchem Verbmodus er sich ausdrücken will.

Gemeint ist das wirkliche und konkrete, das subjektive Leben, das Realität oder Eventualität sein kann, entschieden oder in der Schwebe, möglich oder unmöglich, ein realisierbarer oder unrealisierbarer Wunsch.

Der Realitätsgrad, den die alten Griechen den Geschehnissen beimaßen, lässt sich in einem Schema darstellen (wie rechts abgebildet). Es hilft uns, zu begreifen, wie im Altgriechischen durch die Wahl des Verbmodus dem jeweiligen Ausmaß an Wirklichkeit Ausdruck verliehen wurde. Der Wirklichkeit entgegengesetzt und dennoch bisweilen mit ihr identisch ist die Nichtwirklichkeit. Das, was niemals war und niemals sein wird, hat denselben Objektivitätsgrad wie das, was war oder sein wird. In beiden Fällen handelt es sich nämlich um *objektive* Wahrnehmungen des Sprechenden, die im Altgriechischen daher im Indikativ ausgedrückt wurden. Der erste und letzte Satz im unten dargestellten Schema (»Ich möchte über das Meer fahren«) drückt gleichermaßen Wirklichkeit und Nichtwirklichkeit aus. Die geschriebenen oder gesprochenen Worte sind dieselben. Die Entscheidung darüber, ob er nun in See sticht oder nicht, bleibt im Inneren des Sprechenden verborgen. Er macht es allein mit sich selbst aus, ob die Aktion möglich wird oder unmöglich bleibt.

Die Realitätsgrade

WIRKLICH-KEIT	**Objektivität der Handlung**	Ich möchte über das Meer fahren / Ich will über das Meer fahren
EVENTUALITÄT	**Subjektivität der Handlung**	Ich möchte über das Meer fahren / Ich könnte über das Meer fahren
POTENZIALITÄT	**Subjektivität der Handlung**	Ich möchte über das Meer fahren / Ich könnte über das Meer fahren
NICHT-WIRKLICH-KEIT	**Objektivität der Handlung**	Ich möchte über das Meer fahren / Ich hätte über das Meer fahren wollen

Das Altgriechische kennt zwischen Wirklichkeit und Nichtwirklichkeit zwei Stufen subjektiver Realität, die eng mit der Art und Weise verbunden sind, wie die Griechen die Welt sahen und in Worte fassten: die *Eventualität* und die *Potenzialität*.

Eventualität meint die konkrete Möglichkeit zur Durchführung einer Handlung und wird im Altgriechischen – ähnlich wie im Deutschen – im Konjunktiv ausgedrückt. Aus diesem Grund zeigt der zweite Satz bei *Eventualität* im obigen Schema (»Ich könnte über das Meer fahren«) an, dass alles bereit ist und eine konkrete Möglichkeit besteht, die Aktion auch durchzuführen. Man muss nur noch auf günstigen Wind warten, die Segel setzen und in See stechen.

… mein Schiff liegt an der Mole, und ich bin bereit, in See zu stechen.	Indikativ im Altgriechischen
… mein Schiff liegt an der Mole, und ich wäre bereit, in See zu stechen, sobald der Wind es zulässt. Hoffentlich ist das Wetter morgen besser.	Konjunktiv im Altgriechischen
… mein Schiff liegt an der Mole, aber ich kann nicht segeln. Ich muss es lernen, muss Mut fassen und auf den richtigen Wind warten, um ablegen zu können. Ich weiß, dass mein wunderschönes Schiff im Hafen sicher ist. Aber dafür ist es nun einmal nicht gemacht.	Optativ im Altgriechischen
… ich habe gar kein Schiff, werde seekrank, lebe in den Bergen und habe nicht vor, daran etwas zu ändern. Es ist mir unmöglich, in See zu stechen, und es gibt nichts, was man dagegen tun könnte.	Indikativ im Altgriechischen

Die *Potenzialität* hingegen ist eine Projektion des Sprechenden, seiner Wünsche, Absichten oder Ängste. Im Altgriechischen wurde sie im persönlichsten und intimsten aller Verbmodi, dem Optativ, ausgedrückt. Seine Übersetzung ist schwierig und bringt uns häufig in Verlegenheit, weil er uns zwingt, Wünsche abzuschätzen, die nicht unsere eigenen sind.

»Ich möchte über das Meer fahren« bei *Potenzialität* im oberen Schema zeigt einen Wunsch des Sprechenden an, dessen Verwirklichung weder vom Wind noch vom Handelsgut im Laderaum abhängt. Es drückt vielmehr seine Überlegungen aus, während er die Wellen betrachtet, in denen sich sein Wunsch widerspiegelt. Er fragt sich, ob sein Mut wohl ausreichen wird, um den Anker zu lichten, alles hinter sich zu lassen und einfach loszusegeln, oder ob er vor lauter Furcht dableiben wird.

Die Unterscheidung zwischen einem zu verwirklichenden und einem nicht zu verwirklichenden Wunsch ist äußerst schwierig und liegt allein im Ermessen desjenigen, der ihn formuliert, beziehungsweise desjenigen, der seine Worte übersetzt. Im Optativ kommt das ganze Wesen des Wunsches zum Ausdruck, der von einer Potenzialität zur Eventualität und anschließend Wirklichkeit werden oder für immer in die Nichtwirklichkeit abgleiten kann.

Das Wort *Optativ* geht auf das lateinische Verb *optare* zurück, das »wünschen« beziehungsweise »sich etwas erhoffen« bedeutet. Wie so viele linguistische Besonderheiten hat auch der Optativ seine Wurzeln im Indogermanischen. Und im Gegensatz zu den meisten daraus entstandenen Sprachen hat das Altgriechische (zusammen mit den indischen und persischen Sprachen) die Unterscheidung zwischen Indikativ, Konjunktiv, Optativ, Infinitiv und Imperativ bewahrt.

Die Verwendung des Optativs, um einen Wunsch oder auch Bedauern auszudrücken, ist bereits bei Homer nachzuweisen (der allerdings nicht immer zwischen realisierbaren und nicht realisierbaren Wünschen unterscheidet):

Εἴθε οἱ αὐτῷ
Ζεὺς ἀγαθὸν τελέσειεν, ὅ τι φρεσὶν ᾗσι μενοινᾷ.

Ihm lasse Zeus das Gute gedeihn, so er im Herzen gedenket![10]

Alle klassischen Autoren, von Platon bis Thukydides und von Sophokles bis Aristophanes, benutzten den Optativ, um erfüllbare Wünsche auszudrücken, während sie unerfüllbare im Indikativ formulierten. Zusammengefasst könnte man sagen, dass der Optativ der Verbmodus ist, der es den griechischen Schriftstellern erlaubte, ihren Standpunkt besonders feinfühlig in Worte zu fassen. Das macht ihn zu einem einzigartigen Modus in den Sprachen der Welt. Er steht für zwei Pole oder Farben der griechischen

Sprache: Schwarz und Weiß, wirklich und nicht wirklich – und dazwischen das ganze Farbspektrum menschlicher Entscheidungen.

Das Schwanken eines Wunsches zwischen Wirklichkeit und Nichtwirklichkeit kann im Altgriechischen auch durch das Formulieren von Bedingungen für Hypothesen ausgedrückt werden. Es handelt sich um den sogenannten Bedingungs- oder Konditionalsatz, bestehend aus der *Protasis* (vom griechischen προτείνω, »voranstellen«), also einem Vordersatz, der die Bedingung beziehungsweise den Grund enthält, weshalb sich das, was im Hauptsatz steht, verwirklichen wird, und der *Apodosis* (vom griechischen ἀποδίδωμι, »zurückgeben«), also dem Hintersatz.

Wirklichkeit und Eventualität werden jeweils im Indikativ beziehungsweise Konjunktiv Präsens wiedergegeben, Potenzialität und Nichtwirklichkeit dagegen im Optativ beziehungsweise Indikativ Imperfekt. Die sprachliche Bewertung des *Realitätsgrades* von Geschehnissen ist jedoch keine Frage von Schicksal, Glück oder gar des Zufalls. Das zu glauben hieße, die Raffinesse des Altgriechischen zu unterschätzen. Um es deutlich zu sagen: Wenn die Wahrscheinlichkeit hoch ist, dass sich eine Handlung tatsächlich vollzieht, verwendet das Altgriechische den Konjunktiv, und wenn nicht, benutzt es eben den Optativ.

Die sprachlichen Entscheidungen und die Wahrscheinlichkeit, mit der ein bestimmtes Ereignis eintritt, hängen vom Willen des Sprechenden und den äußeren Bedingungen ab. Der Satz »Es könnte Libeccio aufkommen« (ein heißer, häufig als unangenehm empfundener aus Nordafrika kommender Wind) drückt überaus treffend die Wahrscheinlichkeit aus, dass es genauso kommt, wie befürchtet, wenn er in Livorno an einem Abend ausgesprochen wird, an dem jener typische Wind weht. Das Altgriechische würde in diesem Fall – ähnlich wie das Deutsche – den Konjunktiv verwenden. Derselbe Satz, in irgendeiner trostlosen nordischen Steppe formuliert, bezöge sich auf ein weit entferntes und daher eher ersehntes Ereignis, weshalb das Altgriechische es im Optativ ausdrücken würde. Im Deutschen hieße der Satz dann etwa: »Ach, käme doch Libeccio auf!« Wenn der Libeccio hingegen bereits wehte, der Wind also Realität wäre, würde das Altgriechische den Indikativ Präsens benutzen. Befänden wir uns hingegen in einer Wüste, dann wäre dieser Wind unmöglich, also unwirklich, und im Altgriechischen würde der Indikativ Imperfekt stehen.

Εἴθ' ὣς ἡβώοιμι βίη τέ μοι ἔμπεδος εἴη,
ὡς ὅθ' ὑπὸ Τροίην λόχον ἤγομεν ἀρτύναντες.

Wollte Gott, ich grünte noch jetzt in der Fülle der Jugend
als da vor Troja wir uns im Hinterhalte verbargen![11]

So sagt es Odysseus in den Versen 468–469 im 14. Gesang der *Odyssee* und benutzt dazu den Optativ. Der Charakter des Wunsches, der aus Nostalgie und aktueller Mühsal heraus entsteht, wird durch den Verbmodus genauestens wiedergegeben. Es ist der Gesang von Eumaios, des treuen Schweinehirten, der Odysseus stets wie einen Sohn geliebt hat. Als Odysseus endlich nach Ithaka zurückgekehrt ist, erschöpft von seinen Reisen und Kämpfen, muss er vom Hirten erfahren, dass man ihn mittlerweile für tot hält und dass feige Thronräuber nach der Macht und seiner Gattin Penelope gieren. Odysseus wünscht sich die Kraft und Kampfeslust zurück, die er zwanzig Jahre zuvor bei seiner Landung an der Küste Trojas verspürt hatte. Aber die lange Reise und die zahllosen Leiden haben Narben auf seinem Körper und in seiner Seele hinterlassen. Als Eumaios ihn dann fragt, wer er sei, beschließt Odysseus zu lügen und gibt sich als kretischer Bettler aus. Schließlich teilen die beiden das Abendessen, und der arme Eumaios, der seinen König nicht erkennt, leiht ihm seinen Mantel, damit Odysseus in der Nacht nicht frieren muss.

Wäre dieser Satz aus dem Zusammenhang gerissen, gelänge es uns niemals, ihn in seiner ganzen Tiefe zu erfassen. Er wäre wie ein Graffiti an irgendeiner Bahnhofswand, das einer Liebe gewidmet ist, die womöglich längst vergangen ist und über die wir nicht das Geringste wissen können. Doch wir kennen den Wunsch des Odysseus und wissen vom Beistand der Götter, der es ihm ermöglichte, die lange Reise von Troja nach Hause zu überstehen.

Wenn wir nichts von den Abenteuern des Odysseus im Mittelmeer wüssten, würde uns sein Ausruf nicht das Geringste über seinen Wunsch, sich das zurückzuholen, was ihm von Rechts wegen zusteht, und die Thronräuber aus Ithaka zu vertreiben, sagen. Es könnte sich um den Seufzer irgendeines alten, vom Leben enttäuschten Mannes handeln, um das Bedauern eines x-beliebigen Heimkehrers aus dem Trojanischen Krieg.

Nichts ließe darauf schließen, dass dieser Wunsch eine *Potenzialität* darstellt, die im Begriff ist, *Realität* zu werden. Nach zehn Jahren Krieg und weiteren zehn Jahren Reise ist Odysseus endlich wieder in Ithaka, in der Verkleidung eines Flüchtlings, um seine Frau und sein Königreich, also sein altes Leben wiederzugewinnen. Die Interpretation dessen, was durch den Gebrauch bestimmter Verbmodi ausgesagt wird, liegt also allein im Ermessen und somit am Sprachgefühl des Übersetzers beziehungsweise an seiner Fähigkeit, die Wünsche anderer zu entschlüsseln. Im Deutschen bedarf es daher zusätzlicher Wörter, um den Optativ auszudrücken. Es ist nur ein formaler und kein inhaltlicher Unterschied.

Man könnte den Optativ des Satzes mit Formulierungen umschreiben wie »wie sehr möchte ich jung sein« oder »wäre ich doch so jung wie damals, als wir Troja den Krieg erklärten«.

Die unverhoffte Begegnung mit dem persönlichsten griechischen Verbmodus, der dem Ausdruck von Wünschen dient, gehört zu den Momenten, in denen man es in der Regel bereut, sich für das Studium einer alten Sprache entschieden zu haben. Bei Schülern ruft es fast immer Bestürzung hervor, wenn sie gezwungen sind, den Optativ zu übersetzen. Mir ist aufgefallen, dass er zwar gelehrt, aber nur selten erklärt wird. Es reicht einfach nicht aus, zu sagen, dass es im Altgriechischen eben vier Verbmodi gab (Indikativ, Imperativ, Konjunktiv und Optativ), und eine Tabelle anzufügen, um den Sinn der Sprache zu erfassen. Dazu unterscheidet sich die Denkweise der alten Griechen viel zu sehr von der unseren. Sie hatten so vieles, was wir nicht haben, und so ist das Altgriechische für uns eine Sprache voller Wunder.

Wunder, die es zu entdecken gilt. Ich persönlich glaube fest an den Wert der lateinischen *curiositas,* sowohl für das akademische als auch für das wahre Leben. Damit meine ich keineswegs die von Klatsch und Aufdringlichkeit geprägte *Neugier,* der man in unserer heutigen Gesellschaft so oft begegnet. Sondern die Lust am Lernen, um die Welt und sich selbst zu entdecken – so, wie es kleine Kinder tun, wenn sie immer wieder nach dem *Warum* der Dinge fragen. *Curiositas* steht für die Notwendigkeit, Fragen zu stellen angesichts all dessen, was nicht stimmt oder uns seltsam und bizarr erscheint. Es bedeutet, Fragen zu haben: an das Studium, die Sprache, die Menschen oder das Leben. Nur so lernt man es meiner Ansicht nach.

Es mag daran liegen, dass ich so viel gereist bin und an so vielen verschiedenen, weit entfernten Orten gelebt und gelernt habe, wo ich die Erfahrung gemacht habe, dass man nur dann wirklich auf dieser Welt ist, wenn man den Dingen auf den Grund geht und sich nicht nur darauf beschränkt, so etwas wie ein Daseinstourist zu sein. Deshalb konsterniert mich der Mangel an Neugier gegenüber dem Altgriechischen auch so, den ich bei vielen Schülern bemerke und der sicher auch gewissen Lehrmethoden geschuldet ist.

Nostos

Das Wort *Nostalgie* drückt eine der größten menschlichen Sehnsüchte aus, und man sollte meinen, es gehe auf die alten Griechen zurück. Aber so ist es nicht. Es setzt sich zwar aus den griechischen Wörtern νόστος, »die Heimkkehr«, und ἄλγος, »Schmerz« beziehungsweise »Kummer«, zusammen und steht für die Sehnsucht nach etwas Vergangenem, insbesondere für den melancholischen Wunsch, nach Hause zurückzukehren, an den Ort, an dem man seine Kindheit verbracht hat und an dem sich die Menschen und Dinge befinden, die einem die liebsten sind. Doch diese Vorstellung war den alten Griechen vollkommen fremd. Geprägt wurde das Wort erst im Jahr 1688 in Basel durch den elsässischen Doktoranden Johannes Hofer in seiner *Dissertatio medica de Nostalgia*. Der junge Mann hatte sich jahrelang dem medizinischen Studium der emotionalen Verwirrung gewidmet, unter der die schweizerischen Söldner im Dienst des Franzosenkönigs Ludwig XIV. litten, während sie gezwungen waren, den heimatlichen Tälern und Bergen viele Jahre lang fernzubleiben. Diese Männer wurden häufig von einer unbestimmten Krankheit befallen, die sogar zum Tod führen konnte, wenn man sie nicht nach Hause brachte.

Seit damals hat sich der griechische Neologismus in den anderen europäischen Sprachen ausgebreitet, um das Gefühl der Traurigkeit angesichts des Fernseins von der heimatlichen Erde auszudrücken. Im Französischen nennt man es »mal du pays« und im Deutschen »Heimweh«. Das Deutsche besitzt noch ein anderes wunderschönes Wort, das es in anderen Sprachen nicht gibt und das eine Sehnsucht beschreibt, die so mancher nachempfinden kann: *Fernweh*. Es steht für das Verlangen nach fernen Orten, an denen man noch niemals gewesen ist, die man aber unbedingt besuchen möchte.

Nostoi (Νόστοι), »die Heimkehrer«, ist auch der Titel einer Sammlung griechischer Epen, die sich mit der Heimkehr der achaischen Helden nach dem Trojanischen Krieg befassen. Der Dichter ist legendenumwoben: Für die einen handelt es sich um Eumelos von Korinth, für andere war es Hagias von Troizen. Wie die *Kypria,* die *Aithiopis,* die *Kleine Ilias* und die

Iliu persis, die ihnen vorausgehen, sind auch die *Nostoi* Teil des sogenannten Epischen Zyklus, einer Epensammlung, die von der gesamten Geschichte des Trojanischen Kriegs berichtet. Unabhängig von *Ilias* und *Odyssee,* die darin nicht erwähnt werden, stellen sie so etwas wie eine *alternative* Version zu den homerischen Erzählungen dar.

～～～～～

Wie kann es sein, dass niemand, wirklich niemand sich jemals fragt, warum das Altgriechische mit dem Optativ einen zusätzlichen Modus besitzt, den es in fast keiner anderen Sprache gibt? Und warum halten alle, wirklich alle ihn für eine Art B-Version des griechischen Konjunktivs? Der Großteil meiner Schüler hat bestenfalls eine vage Vorstellung von den konzeptionellen Möglichkeiten, die der Optativ bietet. Allerdings ging es mir genauso, bevor ich mich in seinen Sinn vertieft und ihn mir zu eigen gemacht habe.

Häufig sage ich, dass der Optativ wegen seiner thematischen Vokale der Modus ist, der -οι macht. Und auch wenn es natürlich nicht den geringsten linguistischen Sinn ergibt, ist die Ähnlichkeit mit dem italienischen *ohi* (»aua«) durchaus gewollt. Fast immer, wenn ich meinen Schülern eine Aufgabe überreiche, die das Partikel ἄν enthält, weiten sich ihre Augen vor Schreck, gerade so, als stünden ihnen

Blut, Schweiß und Tränen oder irgendwelche unaussprechlichen Gefahren bevor. Tatsächlich kommt diesem unscheinbaren Partikel eine wichtige Funktion im Rahmen der griechischen Verbmodi zu, denn ἄν ist so etwas wie ein liebenswürdiger Funke, der die entscheidenden Bedeutungsfeinheiten hervorhebt. In Verbindung mit dem Indikativ Perfekt zeigt ἄν die Nichtwirklichkeit beziehungsweise die Unmöglichkeit an: Die Handlung hat sich nicht vollzogen und wird es auch in Zukunft nicht tun. Mit Konjunktiv und Optativ hingegen zeigt ἄν Eventualität und Potenzialität an: Die Handlung ist im Begriff, sich zu vollziehen, beziehungsweise es besteht die reale Möglichkeit, dass sie es tut. Und wie übersetzt man es nun? Meistens übersetzt man es gar nicht. Oder besser gesagt, man gibt nur die inhaltliche Nuancierung wieder, für die ἄν steht. Es liegt also wieder einmal ganz bei uns. Im Deutschen wird es häufig mit *wohl* oder *doch* wiedergegeben.

Sehen wir uns nun also in aller Ruhe und mit dem notwendigen Feingefühl den Optativ und seine Bedeutung im Altgriechischen an, so, als hätten wir eine Schachtel mit der Aufschrift »zerbrechlich« vor uns, in der sich lauter Kostbarkeiten befinden.

- **Der *kupitive* Optativ** bezieht sich auf Wünsche und steht somit für seine ursprüngliche Funktion. Ποιοίην: »Ich möchte dichten!« / »Himmel, ich sollte wirklich dichten!«

Damit wird in Hauptsätzen ein Wunsch, ein Glückwunsch oder eine Verwünschung ausgedrückt, eine Absicht, ein höflicher Rat oder ein Zugeständnis – wie εἶεν, »nun gut«, »sei es so«. Der Wunsch kann sich auf die Gegenwart, die Zukunft oder die Vergangenheit beziehen. Man kann wünschen, dass zu einem bestimmten Zeitpunkt etwas geschehen oder auch nicht geschehen wäre (man nennt es *Bedauern*).

Dem Verb können Partikel wie εἰ, γάρ, εἴθε oder ὡς vorangestellt sein, die so viel wie »oh«, »ach«, »wenn doch« oder auch »wollte der Himmel« bedeuten. Im Deutschen kann man diese Partikel allerdings auch durch Modalverben oder den Konjunktiv wiedergeben.

Die Verneinung einer persönlichen Aussage – und damit auch die Ablehnung eines Wunsches oder Begehrens – wird mit μή ausgedrückt.

- **Der *potenziale* Optativ** bezieht sich auf Möglichkeiten.

Ἄν ποιοίην: »wenn ich doch nur dichtete« / »ich könnte dichten«.

Damit wird die mehr oder weniger große Wahrscheinlichkeit ausgedrückt, dass ein bestimmtes Ereignis auch tatsächlich eintritt, aber auch eine Einladung, eine Bitte, eine höfliche Aufforderung oder ein ironischer Kommentar wie zum Beispiel ἄν λέγοις, »sag's mir ruhig / sag bloß«, oder οὐκ ἄν φθάνοις λέγων, »nun lass mich nicht warten, sag's mir schon« (mit einem Lächeln auf den Lippen gesagt).

Im Deutschen gibt man den Potentialis häufig in einer Umschreibung mit dem Verb *können* und dem Konjunktiv wieder. Die Verneinung des Potentialis – schließlich wird längst nicht jede Möglichkeit zur Wirklichkeit – erfolgt mithilfe von οὐ.

- **Der *oblique* Optativ** bringt innere Abhängigkeiten zum Ausdruck und ist so etwas wie eine Linse, durch die der Sprechende die Welt betrachtet.

Ἔλεγεν ὅτι ποιοίη: »er sagte, er verfasse Gedichte« / »er sagte, dass er dichtet«.

Als häufiger Bestandteil von Erzählungen erscheint dieser Optativ in Nebensätzen aller Art (Final-, Kausal-, Temporal-, Konditionalsätze usw.), die von einem Hauptsatz in der Vergangenheit abhängen. In diesen Fällen verliert er seine ursprüngliche Bedeutung, und von der Möglichkeit bleibt nur noch ein Hauch, denn aus dem Gedanken wird indirekte Rede, eine indirekte Frage oder ein indirekter Wunsch. Der Optativ signalisiert hier eine gewisse *subjektive* Distanz zwischen dem Sprechenden und dem, worüber er spricht. Seine Anwendung zeugt von Höflichkeit, Korrektheit und Integrität.

Der Gebrauch des *Optativus obliquus* ist keineswegs obligatorisch, sondern liegt im Ermessen und somit an der Aufrichtigkeit desjenigen, der über die Handlungen und Gedanken anderer berichtet.

Das Überleben des Optativs im Altgriechischen, das als einzige indogermanische Sprache derart hartnäckig an ihm festhält, erklärt sich aus der Standhaftigkeit seines einzigartigen Verbalsystems. Es sind die Verben, die das Altgriechische *dominieren,* und nicht die Substantive. Mithilfe der grammatikalischen Kategorien des Aspekts und des Modus vermitteln die griechischen Verben Kenntnisse über das Vorgehen, die Abläufe und Bezüge, für die sie stehen.

ᎧᎧᎧᎧᎧᎧᎧᎧᎧᎧᎧ Die Poesie

Das Wort *Poesie* ist vom Verb ποιέω, »machen«, abgeleitet. Es ist dasselbe Wort, das auch »herstellen« und »bauen« im konkreten handwerklichen Sinne bedeutet. Das Erschaffen von Poesie hatte für die Griechen in der Tat nichts *Poetisches* – jedenfalls nicht so, wie wir es verstehen. Es war eine Arbeit wie jede andere auch, so wie das Tischlern, Töpfern oder das Bildhauern. Nur dass ein Dichter eben Poesie herstellte. Die Poesie entstand einige Jahrhunderte nach Homer und Hesiod, als die Musen aufhörten, vom Helikon* aus zu wirken, und die Griechen gezwungen waren, ein neues Genre zu erfinden, um ihre Weltsicht in Verse zu fassen.

---

* Gebirge in Böotien, das als Sitz der Musen galt, bis Apollon sie nach Delphi brachte.

Homer und Hesiod schufen *Epen* und keine Poesie. Sie erzählten Geschichten (ἔπος), indem sie musikalische Metren verwendeten. Im 7. Jahrhundert v. Chr. veränderte sich die Welt jedoch, denn man ging von einer universellen zu einer individuellen Kultur über. Während in den großen Epen noch alles zum Ausdruck kam, was das Griechentum als Ganzes ausmachte, stand die neue Zeit im Zeichen von Gefühlen, Leidenschaft und Schmerz, also der Seelenzustände des einzelnen Individuums.

In der griechischen Poesie gab es zwei Hauptklassen, nämlich die Monodie (von μόνος, »allein«, und ᾠδή, »Gesang«), also den Einzelgesang, und den Chorgesang. Die Hauptthemen waren Götter oder Menschen. Jedes Genre verwendete seinen eigenen Dialekt: die Chorlyrik den dorischen, die Monodie den äolischen. Auch daran erkennt man den ausgesprochenen Hang der Griechen, alles nach Kategorien zu ordnen, denn sobald ein Dichter seine Verse auf Dorisch verfasste, wusste jeder sofort, für welche Art von Aufführung sie gedacht waren. Dabei spielte es keine Rolle, ob er nun aus Sparta oder Lesbos stammte. Die Entscheidung für einen Dialekt war also eine *poetische* beziehungsweise *praktische* Wahl, die zum Verständnis beitragen sollte.

Kommen wir zu den Dichtern.
Es waren wieder einmal die Alexandriner, die einen *Kanon* zusammenstellten und auf diese Weise ungefragt darüber entschieden haben, was für uns erhalten

geblieben ist und was nicht. Auf diese Weise wurde von neun Dichtern, nämlich Sappho, Alkaios, Anakreon, Alkman, Ibykos, Stesichoros, Bakchylides, Simonides und Pindar, nahezu das vollständige Werk überliefert. Von den übrigen sind nur Fragmente geblieben, nichts als *trockene Blätter im Wind,* wie es wohl Mimnermos von Kolophon ausgedrückt hätte.

Und wie bestritten die griechischen Poeten ihren Lebensunterhalt? Wie Handwerker eben. Wer aus einer reichen Familie stammt, baut Stühle und Tische zu seinem Vergnügen, so, wie es ihm gerade gefällt, oder stellt sich als exzentrischer Künstler dar, wie Archilochos, der vorgibt, den Verlust seines Schildes im Kampf nicht übermäßig zu bedauern, weil ihm das Leben wichtiger sei. Oder er quält sich wie Sappho mit der Liebe. Oder er besingt wie Alkaios seinen Alkoholismus.

Wer hingegen arm ist, baut die Stühle genau so, wie es die zahlende Kundschaft haben will. So wie Pindar zum Beispiel, es muss ja schließlich immer jemanden geben, der für ein paar Münzen auf Hochzeiten singt. Einige Dichter arbeiteten sogar auf Bestellung. Dario Del Corno, der Verfasser eines Handbuchs über griechische Literatur, das jeder Gräzist in Italien kennt, nennt Pindar daher einen *Gelegenheitsdichter*. Und auf diesem Gebiet war er der Beste und Bekannteste. Name und Herkunftsort reichten ihm schon, um jemanden wie einen Helden oder Halbgott zu rühmen, indem er dessen mythische Herkunft zehn Generationen zurückverfolgte. Pindar schrieb vor allem zu Ehren von Siegern der *Panhellenischen Spiele,* also der ältesten Sportveranstaltung der Welt, zu denen neben den berühmten Olympischen auch die Pythischen, Nemeischen und Isthmischen Spiele gehörten.

Und wie kommt es dann, dass ausgerechnet Pindar als Dichter der poetischen Reinheit gerühmt wird, obwohl er doch ein *Auftragsdichter* war, der *Auftragskunst* schuf? Ich habe diesbezüglich meine ganz eigene Theorie: Es könnte daran liegen, dass man – trotz der Schönheit der von ihm verwendeten Worte – nichts von dem verstand, was er schrieb. Sind nicht die berühmten pindarischen *Sprünge* oder *Flüge* genau jene Abschnitte, in denen man noch weniger versteht als ohnehin schon? Mir ist jedenfalls noch niemand begegnet, der Pindar wirklich von Grund auf verstanden hätte. Ich kann Voltaire nur zustimmen, wenn er sagt: »Pindar, den alle preisen, den aber keiner versteht«.

Damit jeder Leser sich sein eigenes Urteil bilden kann, gebe ich hier die Timodemos von Acharnes, dem Sieger im Pankration (Allkampf), gewidmete *2. Nemeische Ode* wieder. Ich persönlich hege keinen Groll gegen Pindar, denn ich liebe ihn, auch wenn ich ihn nicht verstehe.

Von wo auch die Homeriden
ihre zusammengenähten Epen, zumeist die Sänger,
beginnen, mit einem Vorspiel auf Zeus, hat auch dieser Mann

die Grundlegung für seine Siege
   in heiligen Wettkämpfen empfangen zuerst
in des nemeischen Zeus vielgepriesenem Hain.

Es besteht aber die Schuld wem wirklich
auf dem Weg der Väter ihn geradeleitend das Leben
dem großen Athen zum Schmuck gegeben hat, dass noch
oft bei den Isthmischen Spielen die schönste Blüte pflückt
   und bei den Pythien siegt
des Timonoos Sohn; ist doch offenkundig

dass von den Bergpleiaden
nicht weit der Orion seine Bahn nimmt. *(pindarischer Flug?)*
Und wahrhaftig ist Salamis aufzuziehen einen streitbaren Mann
imstande. In Troia hat Hektor das
   von Aias gehört. Timodemos Dich lässt
die im Allkampf ausdauernde Stärke wachsen.

Acharnai ist altbekannt
für tüchtige Männer; soweit es Kampfspiele betrifft, werden die Timodemossöhne als vorzüglichste hervorgehoben.
Am hochherrschenden Parnaß
   haben sie vier Siege aus Kampfspielen geholt;
doch von den korinthischen Männern

wurden sie in des edlen Pelops Bergfalten
mit acht Kränzen schon vereint;
und sieben in Nemea – die zuhause sind unzählbar –
bei dem Wettkampf des Zeus. Ihn, ihr Bürger, feiert
   für Timodemos bei seiner ruhmreichen Heimkehr!
Hebt an mit sanftklingender Stimme!¹²

Alle griechischen Dialekte zeichneten sich durch eine klare Unterscheidung zwischen Konjunktiv und Optativ, also zwischen Eventualität und Potenzialität, aus. Doch seit dem 1. Jahrhundert n. Chr. begann der Optativ langsam zu verschwinden. Seine Krise ist daran zu erkennen, dass er häufiger durch Wörter wie »vielleicht« oder »möglicherweise« ersetzt wurde. Und so wie jede Krise neigt auch die linguistische dazu, sich zu verschlimmern. Die Bedeutungsnuancen, die der Optativ zum Ausdruck brachte, waren schlicht zu fein, um die Implosion der Dialekte und ihre Überführung in die einheitliche Reichssprache der κοινή zu überstehen. In den griechischen Übersetzungen des Neuen Testaments etwa kommt er kaum noch vor. Man findet ihn zwar in einigen späteren Papyri, aber nur noch in Gebeten und Gelübden. Es handelt sich um Überbleibsel, die in der gesprochenen Sprache wohl nur noch wenig Niederschlag fanden. Alle Zeugnisse deuten darauf hin, dass man zuerst in den Sätzen auf ihn verzichtete, in denen eine Möglichkeit ausgedrückt wurde, und anschließend auch in den Nebensätzen, in denen er eine *oblique* Funktion besaß. Etwas länger hat er nur als eine Art *Glaubenswunsch* in religiösen Texten überlebt, also in Gelübden oder bei der Anrufung irgendwelcher Gottheiten.

Und wenn schon die Autoren der römischen Zeit wie Strabon, Polybios oder Diodor den Optativ so selten gebrauchten (verglichen mit seiner konsequenten Anwendung bei Platon oder Xenophon), ist kaum anzunehmen, dass er in familiären beziehungsweise umgangssprachlichen Kontexten noch eine gewichtige Rolle spielte. Seine Ausdrucksfeinheiten waren so fragil, dass sie beinahe zwangsläufig abgeschwächt und Opfer von Verwechslungen wurden, bis die Intensität ihrer Bedeutungen schließlich ganz verloren ging. Im Neugriechischen gibt es nur noch den Konjunktiv. Der Optativ hingegen bleibt für immer verschwunden.

Heute gibt es den Optativ nur noch in sehr wenigen Sprachen. Schon im Lateinischen haben nur kümmerliche Reste in den verschiedenen Zeitstufen des Konjunktivs überlebt (*sit,* »es sei«, *velit,* »es wolle«). Auch das Deutsche hat den Optativ aufgegeben, obwohl die germanischen Sprachen neben dem *kupitiven* und *potenzialen* mit dem *Optativ des Präteritums* sogar noch eine zusätzliche Form und Funktion zum Ausdruck des Irrealis von Vergangenheit und Gegenwart besaßen. Die Geschichte der modernen Sprachen zeigt, dass Optativ und Konjunktiv nicht auf Dauer gemeinsam bestehen konnten, denn bisweilen sind die Bedeutungsunterschiede der beiden Modi so gering und subtil, dass die Grenzen fließend sind. Die Unterscheidung zwischen Konjunktiv und Optativ entfiel daher im Laufe der Zeit. Und von Anfang an war klar, dass der Optativ diesen Kampf verlieren würde. Der Konjunktiv hat sich erhalten, weil er in vielen lateinischen und folglich auch in italienischen oder französischen Nebensätzen notwendig ist, während er in Hauptsätzen nur sehr eingeschränkt vorkommt. Das Deutsche verfügt mit dem Konjunktiv I und II über zwei Arten des Konjunktivs, die als *Möglichkeitsform* vor allem in der indirekten Rede und in Konditionalsätzen Verwendung finden. Der Optativ hingegen drückte Bedeutungsnuancen aus, war aber nicht unerlässlich, um *zu verstehen und verstanden zu werden*. Er repräsentierte eine Art Höflichkeitsform, die dazu diente, den eigenen Wünschen Ausdruck zu verleihen und das eigene Leben (und die eigene Rede) zu planen, ohne anderen den eigenen Willen aufzuzwingen oder in deren Leben (und deren Rede) einzugreifen.

»Der Verlust des Optativs spiegelt eine Verminderung des Taktgefühls und den Verlust einer aristokratischen Eleganz im Griechischen wider.« So kommentiert Antoine Meillet das Verschwinden dieses wunderbaren Verbmodus.

Davon abgesehen, ist jede Sprache *demokratisch*

und ein *sozialer Tatbestand*, der von der jeweiligen Epoche und der Weltsicht der Sprechenden geprägt ist. Was auch immer man in Zeiten von Twitter und WhatsApp über den Einfluss technischer Neuerungen auf das Kommunikationsverhalten sagt, es sind immer die Menschen, die sich verändern, bevor die Sprache sich wandelt, und nicht umgekehrt. Jedes Wort einer jeden Sprache ist dem zutiefst demokratischen Prozess des Sprachgebrauchs ausgesetzt – so wie eine Statue den Elementen, die beständig an ihrem Marmor nagen.

Mit dem Bedauern der Amme über das, was hätte sein können, aber nicht ist, lässt Euripides *Medea*, eine seiner dichtesten und verstörendsten Tragödien, beginnen. Ihr Wunsch ist nicht mehr zu verwirklichen, denn es ist bereits alles anders gekommen. Jason ist mit seinem Schiff Argo in See gestochen, und die Dinge haben ihren Lauf genommen.

Εἴθ' ὤφελ' Ἀργοῦς μὴ διαπτάσθαι σκάφος
Κόλχων ἐς αἶαν κυανέας Συμπληγάδας,
μηδ' ἐν νάπαισι Πηλίου πεσεῖν ποτε
τμηθεῖσα πεύκη, μηδ' ἐρετμῶσαι χέρας
ἀνδρῶν ἀριστέων οἳ τὸ πάγχρυσον δέρος
Πελίᾳ μετῆλθον. Οὐ γὰρ ἂν δέσποιν' ἐμὴ
Μήδεια πύργους γῆς ἔπλευσ' Ἰωλκίας
ἔρωτι θυμὸν ἐκπλαγεῖσ' Ἰάσονος.

> Oh, wäre durch die schwarzen Wunderfelsen nie
> Das Schiff geflogen, steuernd nach dem Kolcherland,
> Wär auf den Waldhöhn Pelions nie der Fichtenstamm
> Durchs Beil gefallen, hätte nie zum Steuer gedient
> Der Hand erkorner Helden, die das goldne Vlies
> Dem Pelias holten! Nimmermehr wär auch geschifft
> Medea, meine Herrin, dann zur Griechenstadt,
> Von Jasons Liebe hingerissen und betört.[13]

Wie man sieht, ist der griechische Optativ die perfekte Form, um das Spannungsfeld auszudrücken, das sich aus dem Eingeständnis eines Wunsches vor sich selbst und seiner Abrechnung mit ihm ergibt. Im Übrigen bin ich davon überzeugt, dass eine gewisse Eleganz des Ausdrucks in jeder Situation von Vorteil ist – auch und gerade in der Alltagssprache.

Wir sind unter uns, und mit uns sind unsere Wünsche.

Und wie übersetzt man nun?

*Ich komme gern aus der Stille,
um zu sprechen. Bereite sorgfältig vor
das Wort, damit es sein Ufer erreicht,
leise dahingleitend wie ein Boot,
während das Kielwasser des Gedankens seinen Weg
beschreibt.
Die Schrift ist ein heiterer Tod:
die Welt, strahlend geworden, erweitert sich
und verbrennt einen Zipfel für immer.*

VALERIO MAGRELLI,
aus *Ora serrata retinae*

Wie übersetzt man also das Altgriechische in moderne Sprachen? Was heißt das? Wie macht man das? Das sind die Fragen, mit denen mich meine Schüler am häufigsten löchern. Und es sind dieselben Fragen, die auch ich einmal meinen Lehrern stellte.

Man könnte sagen, dass es Jahrhundert-, wenn nicht sogar Jahrtausendfragen sind, die ihren Ursprung in dem Moment haben, als man aufhörte, das Altgriechische zu *verstehen* und sich in dieser Sprache *verständlich zu machen*. Dadurch ist die Übersetzung zur einzigen Verständnismöglichkeit geworden. An den altsprachlichen Gymnasien wird häufig der Terminus »Version« verwendet – vielleicht ein weiterer

Beleg für den Tod der alten Sprachen, obwohl es eines solchen nun wirklich nicht bedurft hätte. Alle Fremdsprachen werden *übersetzt,* und nichts anderes sind Latein oder Altgriechisch für uns.

Das Wort *Version* stammt vom lateinischen Verb *verto* ab, das so viel wie »zuwenden«, »verwandeln«, »umformen« und folglich auch »übersetzen« bedeutet. *Verti etiam multa de Grecis,* »ich habe viele griechische Werke übersetzt«, informiert uns Cicero in den *Tusculanae disputationes*. Das italienische Verb *tradurre* (»übersetzen«) geht auf das lateinische *traducere* zurück, das »übertragen«, »enthüllen« oder »hinüberführen«, also »anderswo hinbringen« bedeutet.

Und genau das ist das Ziel einer Übersetzung – aus welcher Sprache auch immer. Es geht darum, die Bedeutung auf die andere Seite der Sprachbarriere hinüberzutragen. Eine Übersetzung kann dem Original niemals wirklich gleichkommen, sondern ist vielmehr ein Weg, auf dem man sich dem Sinngehalt des Originals annähern kann. Das Ergebnis ist eine Begegnung, vergleichbar mit einem Aufeinandertreffen mit einer Person, die gerade noch weit entfernt war und plötzlich ganz nah ist. Und obwohl es niemand mehr spricht, gilt dies auch für das Altgriechische.

Die Übersetzung ist ein Parcours, den man Schritt für Schritt beschreitet, um sich der Bedeutung einer Sprache, die nicht die eigene ist und es auch niemals sein wird, so weit wie möglich anzunähern. Es ist eine *Reise* auf eine Sprache zu, deren Besonderheiten sie zu etwas Einzigartigem machen, das wir allerdings nicht *fühlen*, weil es unserer Sprache und unserem Sprachempfinden fehlt. Deshalb sind wir gezwungen, zu übersetzen und uns damit gewissermaßen auf den Weg zu einem anderen Ort zu machen.

Es steht außer Frage, dass man eine Sprache gut beherrschen muss, um das Ziel dieser Reise zu erreichen, von der wir zu Beginn noch nicht wissen können, wohin sie uns letztlich führen wird. Mit anderen Worten: Wir müssen lernen, uns anstrengen, fleißig sein, dranbleiben. Zugleich müssen wir bis zu einem gewissen Grad aber auch *erspüren* können, was uns diese Sprache aus einer längst vergangenen Zeit sagen will. Vergangen ja, aber nicht entschwunden, denn welchen Sinn hätte es, eine Sprache zu studieren, deren Bedeutung sich uns vollständig entzieht?

Es braucht Beharrlichkeit, Vertrauen in sich selbst und eine gewisse Vertrautheit mit der Sprache. Ein Text *spricht,* also genügt es hinzuhören. Als ich einmal um acht Uhr morgens vor einer Klassenarbeit saß und vor der Wahl stand, das Altgriechische entweder zu besiegen oder ihm zu unterliegen, begriff ich, dass es nur einen Weg gab, um vorwärtszukommen: Ich musste *denken, wie die Griechen dachten*. Das ist nun seit über fünfzehn Jahren meine Methode – und mein erster und zugleich wichtigster Rat, wenn es ums Übersetzen geht.

Die erste Reaktion eines Gymnasiasten auf einen altgriechischen Text bewegt sich in der Regel zwischen Schrecken, Angst und Panik. Es ist ein Gefühl der Beklemmung in allen nur denkbaren Schattierungen. Wer ein altsprachliches Gymnasium besucht hat, weiß, wovon ich rede. Wer diesen Schrecken in der Schule nicht durchlebt hat, wird jetzt vielleicht an Ängste denken, die er angesichts mathematischer Gleichungen, geometrischer Zeichnungen oder chemischer Nomenklaturen empfunden hat. Bei allem Respekt, aber das ist nicht zu vergleichen mit der tiefen Bestürzung, von der jeder, der Altgriechisch in der Schule hatte, wenigstens einmal in seinem Leben bei einer Übersetzungsarbeit erfasst wurde. Es ist die alles lähmende Angst vor dem Nichtverstehen und der Horror beim Anblick der mysteriösen grafischen Zeichen, von deren Bedeutung man nicht die geringste Ahnung zu haben glaubt. Noch dazu waren die Texte der Klassenarbeiten immer so schlecht gedruckt und dadurch kaum zu entziffern, als hätte man sie direkt von den Inschriften in Athen fotokopiert.

Ich erinnere mich noch gut an die Übersetzungsaufgabe in meiner Abiturarbeit. Über eine Stunde habe ich das Blatt mit leerem Kopf angestarrt. Die Luft im Saal war zum Schneiden, die Julihitze ließ mich hyperventilieren, und ich war noch nicht einmal imstande, das Lexikon aufzuschlagen. Glücklicherweise habe ich diesen Zustand irgendwann überwunden – andernfalls wäre ich heute nicht hier, um euch all dies zu berichten. Kurzum, das Altgriechische ist seit über tausend Jahren tot und flößt noch immer jedem wahnsinnige Angst ein, der es wagt, sich dieser Sprache anzunähern. Viele Schüler fühlen sich angesichts einer Übersetzungsaufgabe offenbar schon deshalb befangen, weil sich das Alphabet von unserem unterscheidet. Das tut es zwar, aber das Alphabet ist nur ein *Mittel,* um Sprache darzustellen, und nicht die Sprache selbst. Es ist nichts weiter als ein grafisches System, das dazu dient, Laute und Wörter zu Papier zu bringen. Sobald wir einmal gelernt haben, es zu entziffern, was gewöhnlich nach einem Monat Unterricht der Fall ist, beherrschen wir es, und es ist *unseres* geworden. Im Übrigen hätte es viel schlimmer kommen können, denn das griechische Alphabet besteht aus Buchstaben und nicht aus Ideogrammen wie das japanische oder aus Silben wie das mykenische Linear B!

Viele fürchten sich auch deshalb, weil die Wörter so anders sind als unsere. Das lässt sich nicht leugnen, schließlich handelt es sich um eine andere Sprache, eine Fremdsprache eben. Sind die Wörter im Englischen etwa dieselben? Es gibt nur einen Weg, um diese Angst zu überwinden. Man muss sich mit der Sprache vertraut machen und sie üben. Je häufiger man einem bestimmten griechischen Wort begegnet, desto wahrscheinlicher behält man es auch, wird es *unseres*.

Außerdem ist das Übersetzen in der Schule ein ständiger Kampf gegen die Uhr. Je häufiger man das Wörterbuch aufschlägt, desto weniger Zeit bleibt einem dafür. Und je weniger Vertrauen man in sich selbst hat, desto häufiger greift man danach, so wie ein Ertrinkender nach dem Rettungsring. Sicher, das Wörterbuch ist unerlässlich, denn die Anzahl der griechischen Wörter, die wir kennen, ist begrenzt. Und es stimmt auch, dass es im Fall von Unsicherheiten und Zweifeln ein treuer Verbündeter ist. Dennoch ist der übertriebene Gebrauch des Wörterbuchs auf Dauer eher kontraproduktiv und kann sogar gefährlich werden. Kontraproduktiv deshalb, weil kein Wörterbuch das gesamte Bedeutungsspektrum der einzelnen Wörter wiedergibt. Es ist nur ein Bedeutungsgerüst, das sollte man sich stets vergegenwärtigen. Und wenn man es nicht schafft, sich die Bedeutung bestimmter altgriechischer Wörter einzuprägen, wird man sich ewig ans Wörterbuch klammern und immer weiter von der Sprache entfernen. So wie ein Schiffbrüchiger, der sich nicht traut, den Rettungsring loszulassen und das nahende Schiff zu besteigen.

Und ja, das Wörterbuch kann tatsächlich gefährlich sein. In Panik geratene Schüler neigen nämlich dazu, jedes einzelne Wort nachzuschlagen, während die verfügbare Zeit unerbittlich verrinnt. Und da sie nicht glauben können, dass die erste und folglich geläufigste Bedeutung, die sich im Wörterbuch findet, auch die richtige ist, entscheiden sie sich oftmals für die letzte. Dabei handelt es sich vielleicht um einen umgangssprachlichen Ausdruck, der nur ein einziges Mal von einem Dichter auf einer abgelegenen Insel verwendet wurde.

Damit das klar ist, ich rate niemandem, sein Wörterbuch wegzuwerfen oder zu verkaufen – dagegen sprechen schon die hohen Anschaffungskosten. Was ich sagen möchte, ist, dass man sich nicht zur Geisel des Wörterbuchs machen darf. Es ist einfach nicht notwendig, sicherheitshalber jedes Wort und jedes Komma zu überprüfen – auch wenn ich zugeben muss, dass ich es anfangs genauso gemacht habe. Stattdessen sollte man dem Erlernten vertrauen. Vor allem jedoch darf man eine Übersetzung nicht als eingleisigen, mechanischen Prozess ansehen, nach dem Motto, aus *A* wird *B*. Wenn es so platt und vorhersehbar wäre, könnte man mit einem guten Lexikon tatsächlich problemlos jede Sprache der Welt übersetzen. Aber so einfach ist es leider nicht, wie wir seit dem Turmbau zu Babel wissen. Es sei denn, man hält die Aneinanderreihung von Wörtern, die *Google Translate* generiert, für eine echte *Übersetzung*.

Um einen Text zu übertragen und sich seiner Bedeutung so weit wie nur möglich *anzunähern*, braucht man manchmal zusätzliche Wörter, während man an anderer Stelle welche weglassen kann. Man muss sich in einen Text *hineinfühlen,* um den Kern seiner Aussage erfassen und in der eigenen Sprache ausdrücken zu können.

»Kennen Sie alle griechischen Wörter?«, fragen meine Schüler mich oft erstaunt, während ich selbst mich darüber wundere, offenbar nur deshalb gesiezt und für alt gehalten zu werden, weil ich Altgriechisch kann. Das ist mir nämlich auch schon mit zwanzig passiert. Und natürlich kenne ich, obwohl ich Schule und Studium mit Auszeichnung abgeschlossen und unzählige Texte übersetzt habe, mitnichten alle griechischen Wörter. Vor dem Hintergrund der vielen Dialektvarianten des Altgriechischen kann das vermutlich niemand von sich behaupten. Wahrscheinlich kannte noch nicht einmal ein einziger alter Grieche sie alle.

Mit anderen Worten: Auch ich benutze bis heute das Wörterbuch, und zwar gar nicht so selten. Und ich gebe in aller Offenheit zu, dass ich mich auch nicht an jede grammatikalische und syntaktische Besonderheit des Altgriechischen erinnere – dafür sind es einfach zu viele. Deshalb ziehe ich häufig – ohne mich dessen zu schämen – die Handbücher zurate. An der Universität musste ich eine Prüfung ablegen, die ausdrücklich die spontane Übersetzung eines altgriechischen Textes, also eine Übersetzung *auf den ersten Blick,* vorsah. Es war eine mündliche Prüfung, die daraus bestand, eine vom Professor aufs Geratewohl ausgewählte Textstelle innerhalb weniger Sekunden ohne Zuhilfenahme des Wörterbuchs zu übersetzen. Ich wiederhole: irgendeine Textstelle aus der griechischen Literatur. Da es selbstverständlich unmöglich ist, alle existierenden Texte auswendig zu lernen, musste man einen anderen Weg finden, um diese Prüfung zu bestehen. Und der bestand darin, das Gelernte anzuwenden und sich auf seine Intuition zu verlassen. Nein, ich kann auch heute nicht behaupten, dass es einfach gewesen wäre – aber es war auch kein Drama. Es war bei Weitem nicht so beängstigend wie manche Übersetzungsaufgabe während meiner Schulzeit. Immerhin hatte ich mich zu diesem Zeitpunkt schon seit fast zehn Jahren mit dem Altgriechischen befasst, und die Sprache war *meine* geworden. Ein bisschen zumindest.

Obwohl ich nicht alle Wörter des Textes kannte, den der Professor mir vorgelegt hatte, lief die Prüfung erstaunlich gut. Es war ein Abschnitt aus einem Text von Lukian, einem griechischen Satiriker, der von einer Reise zum Mond berichtet – ich werde es wohl nie vergessen. Es geschah genau das, was normalerweise passiert, wenn man sich mit jemandem in einer fremden Sprache unterhält und eines der gesagten Wörter nicht versteht. Man erschließt die Bedeutung des fehlenden Wortes intuitiv aus dem Zusammenhang und nähert sich auf diese Weise dem Original so weit wie möglich an. Sobald man die Grundaussage des Satzes erst einmal verstanden hat, ergibt sich die Bedeutung der einzelnen Wörter oftmals wie von selbst.

Schwierig wird es, wenn man einen Text überhaupt nicht versteht oder davor zurückschreckt, ihn zunächst in aller Ruhe durchzulesen, weil das Alphabet so einschüchternd wirkt oder man befürchtet, dadurch zu viel Zeit zu verlieren. Deshalb fängt man damit an, gleich das erste Wort zu übersetzen und danach alle anderen in ihrer exakten Reihenfolge – jedes für sich, um sie anschließend wie die Farben eines Zauberwürfels in der eigenen Sprache wieder zusammenzusetzen und dem Text eine Bedeutung zu geben (oder eine zu erfinden).

Ich weiß, dass jeder Lehrer seinen Schülern rät, einen Text erst zu lesen, bevor man mit dem Übersetzen beginnt. Und dennoch hält sich kaum einer daran. Auch ich habe es in der Schule nicht getan, das will ich gar nicht bestreiten. Wenn ich heute meine Schüler und mich selbst nach dem Grund für diese Verweigerungshaltung frage, ist die Antwort fast immer dieselbe: »Ich kapier doch sowieso nicht, was da steht. Lesen bringt also gar nichts.«

Wenn man versucht, einen Text aus einer Sprache zu übersetzen, die man ein, zwei oder auch fünf Jahre lang gelernt hat, aber trotzdem der Überzeugung ist, ohnehin nichts zu verstehen, weil einem die Worte auf dem Papier nichts sagen, dann ist das natürlich kein guter Start. Dabei ist diese Einstellung im Grunde respektlos, sowohl sich selbst als auch der Sprache und der Zeit gegenüber, die man mit ihrem Erlernen verbracht hat. Und doch geschieht es immer wieder. Kaum etwas verwirrt einen Schüler mehr als Fragen wie: »Woran erinnert dich ἀρχή (gesprochen »arché«) oder γράφειν (gesprochen »graphein«)? Kommen dir da nicht Worte wie *Archäologie* oder *Grafik* in den Sinn?« Tatsächlich ist das in der Regel nicht so. Offenbar sorgen die Alphabetbarriere und die Ehrfurcht, die das Griechische ganz generell einflößt, dafür, dass allein schon der Gedanke an einen Gleichklang mit der eigenen Sprache den meisten

Schülern absurd erscheint. Deshalb verzichten sie von Anfang an darauf, verstehen zu wollen, weil sie sicher sind, ohnehin nichts zu begreifen.

»Ich weiß, dass ich nichts weiß« – dieses Motto von Sokrates dient den Schülern also zugleich als Alibi und Ausrede. Da muss ich ihnen einfach widersprechen: Ihr wisst! Ihr könnt Griechisch lesen, wisst viele Dinge und kennt zahlreiche Regeln. Indem ihr sie lernt, macht ihr die Sprache zu *eurer*. Wollt ihr wirklich behaupten, dass die Kommas und Punkte oder die geläufigsten Verben euch nicht das Geringste sagen? Das glaube ich euch einfach nicht. Vertraut euch selbst und auf das, was ihr gelernt habt, das ist wirklich eine Frage des Respekts.

Ein anderer Ursprung für aufkeimende Panik sind die grammatikalischen Regeln. Auch wenn sie den Text vielleicht nicht richtig lesen, bemerken viele Schüler doch das Vorhandensein dieser oder jener Konstruktion. Und ahnen gleich, dass sie sich nicht an sie erinnern oder sie nicht so gründlich gelernt haben, wie sie es hätten tun müssen. Also versuchen sie in ihrer Verzweiflung gar nicht erst, den Rest des Textes zu verstehen.

Räumen wir also zuallererst in unserem Kopf auf. Jeder Text – sei es nun ein griechischer, lateinischer, italienischer, französischer oder deutscher – ist weit mehr als nur eine Ansammlung grammatikalischer Regeln, die es aufzulösen gilt. Er ist weder ein Bilderrätsel noch eine mathematische Gleichung. Jeder

Text existiert, weil derjenige, der ihn geschrieben hat, das Bedürfnis verspürte, etwas auszudrücken oder zu erzählen. Und dieses Etwas ist sicher nicht die grammatikalische Regel, an die ihr euch gerade nicht erinnert.

Wenn ich zusammen mit meinen Schülern einen Text übersetze, höre ich oft so akkurate und tadellose grammatikalische Definitionen, dass selbst ein byzantinischer Mönch, ein Linguist oder ein Mitglied der Accademia della Crusca vor Neid erblassen würde. »Dieses ist ein unpersönliches Verb, das mit dem bla bla bla steht und mit bla bla bla umschrieben werden kann.« Um es noch mal klarzustellen: Ich sage nicht, dass es falsch wäre, die Grammatik wie aus dem Effeff zu beherrschen. Im Gegenteil. Ich gratuliere jedem, dem das gelingt (und beneide ihn zugleich um seine Perfektion, die ich selbst niemals erreicht habe). Aber es ist *falsch,* die Grammatik als *Ziel* der Übersetzung anzusehen, anstatt sie nur als das *Mittel* zu betrachten. Die Regeln einer Sprache zu kennen ist die unabdingbare Grundlage, um Texten, die in dieser Sprache geschrieben wurden, Sinn und Bedeutung zu verleihen. Aber die Regeln sind nicht die Sprache. Ihr habt die eine oder andere Regel vergessen? Nur Geduld, das nächste Mal lernt ihr etwas mehr, und dieses Mal bekommt ihr eben keine Eins plus.

Und in der Zwischenzeit begreift ihr, ohne euch dumm oder schuldig zu fühlen, *den Rest* des Textes. Auch hier ist es wieder eine Frage des Respekts, denn der Text hat euch so viele interessante Dinge zu sagen. Spürt sie auf, holt sie hervor, und sagt sie auf *eure Weise*.

Ein anderes nicht zu unterschätzendes Problem ist der geringe Kenntnisstand von Jugendlichen über die griechische Geschichte, Kultur, Gesellschaft und Politik. Für uns ehemalige Gymnasiasten ist es leicht, ihnen gute Ratschläge zu geben, Sprüche zu klopfen und sie dazu aufzufordern, eben mehr zu lernen.

Ungeachtet aller Bemühungen im Hinblick auf ein besseres Gesamtverständnis der griechischen Welt, dem sich die neuen Textausgaben und einige mit leuchtendem Beispiel vorangehende Lehrer verschrieben haben, gehen die Lehrpläne von Geschichte und Altgriechisch leider nicht Hand in Hand. Der Grund dafür ist, dass das Gymnasium die gesamte Menschheitsgeschichte vermitteln muss (beziehungsweise müsste), sodass für das Studium des antiken Griechenlands bestenfalls ein oder zwei Monate zur Verfügung stehen. Gleiches gilt für Literatur, Kunstgeschichte, Philosophie und Geografie (sofern sie überhaupt noch als Lehrinhalte existieren).

Dadurch ist das Wissen der Fünfzehn- oder Sechzehnjährigen über die griechische Antike äußerst begrenzt und absolut unzureichend, um Texte über militärische Taktiken, Orakel, religiöse Bräuche, Mythologie oder Politik zu verstehen und sie nicht nur für *bizarr* und mysteriös zu halten. Was nicht heißen soll, dass viele Erwachsene das entsprechende Wissen hätten. Ganz im Gegenteil, ich bin sogar sicher, dass dies nicht der Fall ist. Kann man von einem Fünfzehnjährigen erwarten, dass er abends, wenn er mit seinen Freunden unterwegs ist, Formulierungen wie »mir schwebt ein Damoklesschwert über dem Kopf!« verwendet oder gar den Ursprung dieses Ausspruchs kennt? Nein, das glaube ich eher nicht. Es ist also kein Wunder, wenn ein Schüler angesichts eines Textes, der von Damokles, Delphi oder Perikles handelt, der seinem Steuermann die Furcht vor der Sonnenfinsternis nahm, nicht den geringsten historischen oder sozialen Bezug zum Gesagten hat. Ganz zu schweigen von Kriegsberichten, die ganz besonders verhasst sind – und da nehme ich mich selbst keineswegs aus. Es genügen schon zehn Zeilen aus den – eigentlich wunderschönen – Geschichtsbüchern von Xenophon oder Thukydides. Das Subjekt ist fast immer ein nicht näher spezifiziertes »sie« (aber wer *sie*? Die Athener? Die Griechen? Die Barbaren?), das Objekt hingegen ein ebenfalls nicht näher genanntes »ihnen« (aber wer *ihnen*?). Zehn Zeilen, die von Lagern, militärischer Taktik, Waffen, Belagerungen, Strategien oder Opfern handeln und die, selbst perfekt übersetzt, ein Fragezeichen hinterlassen. Von wem ist hier die Rede? Wer sind *diese,* die siegen, und wer *diese*, die verlieren? Es bleibt ein Geheimnis.

Wenn ich hier schon die Ängste meiner Schüler und Freunde offenlege, sollte ich dasselbe wohl auch mit meinen eigenen tun. Darum berichte ich euch nun von der wohl größten Blamage, die mir während meiner gesamten Schulzeit widerfahren ist. Es war eine so peinliche Begebenheit, dass ich nach ein paar schlaflosen Wochen eigentlich beschlossen hatte, sie zu verdrängen. Ich wollte niemals wieder mit jemandem darüber reden und so tun, als wäre es nie geschehen. Aber es ist eben passiert, und es zeigt, wie wichtig eine umfassende, über Sprache, Grammatik und Sprachgefühl hinausgehende Kenntnis der antiken Welt ist. Ich bitte euch, Milde walten zu lassen, denn es handelt sich um eines der schlimmsten Traumata meiner Jugend.

Es war die letzte Übersetzungsprüfung am Ende eines Schuljahres (und zwar in Latein, aber das Erlebte gilt genauso fürs Altgriechische) – die Klassenarbeit also, mit der man alles verspielen kann, einschließlich eines sorgenfreien Sommers am Meer. Der Titel lautete »Der Raub der Sabinerinnen« (auf Italienisch »Il ratto delle Sabine«), darunter stand der zu übersetzende Text. Ich war fünfzehn und gut in Latein, hatte also alles im Griff, wie ihr euch vorstellen könnt.

Allerdings hatte ich von diesen Sabinerinnen noch nie zuvor gehört, wusste also nicht, wer sie waren und was für ein Problem sie hatten. Nun ist es dummerweise so, dass das Wort *ratto* im Italienischen neben »Raub« noch eine völlig andere Bedeutung hat. Und als Mädchen vom Lande kannte ich die nur zu gut, denn »Ratten« sind hässliche Tiere mit langen Schwänzen und roten Augen.

Also machte ich mich kühn ans Übersetzen, nur wollte der Text am Ende keinen rechten Sinn ergeben. Es war eher so etwas wie ein Wortgemisch oder eine Art gewagtes dadaistisches Schreibexperiment. *Sabinerinnen* und *Ratten* schienen nicht wirklich etwas miteinander zu tun zu haben. Seltsam, dachte ich, sehr seltsam. Als die Zeit vorüber war, gab ich in einer Mischung aus Ungläubigkeit und böser Vorahnung meine Arbeit ab.

Einige Tage später bekam ich sie mit nur drei von zehn Punkten zurück, was etwa einer glatten Fünf entspricht. Es war ein Schock, den ich nur sehr langsam überwinden konnte.

Was also war an diesem beschämenden Tag Ende Mai geschehen? Ich hatte noch nie davon gehört, dass Romulus, als es Rom nach der Gründung an Frauen mangelte, diese kurzerhand dem Nachbarvolk der Sabiner raubte. Der Gedanke an einen *Raub* der Sabinerinnen war mir an jenem Tag aber noch nicht einmal ansatzweise gekommen. Ich hatte mich auf den italienischen Titel verlassen, sodass mir (auch dank meiner Naivität) nicht einmal der Verdacht kam, dass *raptum* womöglich etwas anderes als »Ratte« bedeuten könne. Und so brachte ich diese armen Frauen schändlicherweise mit Ratten in Verbindung. Wie peinlich.

Zu meiner Rechtfertigung kann ich eigentlich nur einen Umstand vorbringen: Warum hieß der italienische Titel »Il *ratto* delle Sabine«? Hätte man, um Missverständnisse seitens unbesonnener Fünfzehnjähriger, die in Gedanken bereits am Meer waren, zu vermeiden, nicht gleich *rapimento* (»Entführung«) schreiben können? Wie viele Italiener benutzen denn heute noch das Wort *ratto,* ohne dabei das Tier zu meinen?

Dennoch war es natürlich meine Schuld. Mit fünfzehn kannte ich die Sagen über die Gründung Roms einfach noch nicht, denn niemand hatte sie mir erzählt. Ich war buchstäblich eine Ignorantin, denn ich *wusste nichts*. Und deswegen werde ich mich wohl für den Rest meines Lebens bei den Sabinerinnen entschuldigen müssen.

Zum Schluss noch eine Anmerkung: Auf dem altsprachlichen Gymnasium werden nur Texte von Prosaautoren wie Platon, Plutarch, Aesop, Xenophon, Thukydides oder Aristoteles übersetzt. Und so wie wir, schreibt auch jeder von ihnen auf seine einzigartige, *persönliche* Weise. Es braucht Zeit, Geduld und Übung, um die sprachlichen Besonderheiten des jeweiligen Autors zu erkennen und ein Gefühl dafür zu entwickeln, wie man den Ton des Schreibenden am besten in die eigene Sprache überträgt. Dabei handelt es sich nämlich nicht um unterschiedliche Arten von Altgriechisch, sondern um unterschiedliche Arten, das Altgriechische zu benutzen.

Platon formuliert vollkommen frei und ganz anders als Thukydides, weil er eben Platon ist. So, wie Dave Eggers heute das amerikanische Englisch ganz anders verwendet als sein Landsmann Jonathan

Franzen. Und ein Buch von Orhan Pamuk wird nur dann nicht als sterbenslangweilig empfunden, wenn man berücksichtigt, dass die *Langsamkeit* eine bestimmte Lebensweise und damit seine eigene Art, türkisch zu schreiben, widerspiegelt.

Wenn man in den Schulen jedoch nur mit der Prosa umzugehen lernt, folgt daraus, dass die gesamte Poesie ausgespart bleibt. Und damit meine ich nicht nur die Lyrik von Alkaios, Sappho oder Pindar, sondern auch das weite Feld von Epik, Komödie und Tragödie, die so etwas wie einen Schlüssel zum Wesen des Griechentums darstellen. *Zum Glück,* werden die meisten Schüler sagen. *Wie schade,* sage ich, denn sie wissen gar nicht, was ihnen entgeht. Und man kann davon ausgehen, dass ihnen diese Erfahrung für immer verwehrt bleibt, denn die Wahrscheinlichkeit, dass sie sich später für ein Studium der alten Sprachen entscheiden, ist äußerst gering.

Die griechische Poesie wird als ätherische Literatur betrachtet, von der man am besten die Finger lässt. Sicher, sie ist zehnmal schwerer zu übersetzen als Prosa, aber eben auch zehnmal so reich an Bedeutungen. Manchmal wird im Verlauf eines ganzen Schuljahres – zumeist des letzten – eine einzige Tragödie ganz und gar, also Vers für Vers, übersetzt. In meinem Fall war es *König Ödipus* von Sophokles. Es war eine äußerst mühevolle, zugleich aber auch so wertvolle und lebendige Erfahrung, dass *König Ödipus* bis heute die griechische Tragödie ist, die mir am meisten zu Herzen geht.

Es ist ein großer Unterschied, ob man einen Autor liest oder *über* ihn liest. Auch wenn niemand aus Livorno euch mehr über den Dichter Giorgio Caproni berichten könnte als ich, bliebe es doch nur eine Erzählung. Die Schönheit seiner Dichtkunst und seines Wesens erschließt sich nur aus seinen Versen selbst. Deshalb verstehe ich auch nicht, warum viele griechische Literaturhandbücher *über Poesie schreiben, ohne sie zu zeigen*. Auf diese Weise werden Schüler und Studenten einer der tiefsten und intimsten Verwendungen der altgriechischen Sprache beraubt. Ja, es ist schwierig. Aber genau das ist der Zweck von Sprache, denn sie dient nicht nur der Formulierung der einfachen, sondern vor allem dem Verständnis der komplexen Sichtweisen auf die Welt.

Noch heute muss ich lächeln und erschaudere zugleich bei der Erinnerung an mein griechisches Literaturhandbuch auf dem Gymnasium, das von Leben und Tod, den Werken und Wundern der Autoren berichtete und darüber hinaus ihren Stil *veranschaulichte*. Nur, wie soll man den Stil von Texten begreifen, die man niemals liest? Das ist ungefähr so, als müsste man detailliert ein Gemälde beschreiben, ohne es je zu Gesicht zu bekommen. Ich werde niemals meine Fassungslosigkeit angesichts der Definition des Stils von Aischylos vergessen: Er habe »einen steilen und unebenen Stil«, stand dort geschrieben. Damals war ich sechzehn, aber auch heute, mit dreißig Jahren, frage ich mich noch immer, was das wohl bedeuten mag. Wer weiß, welchen Sinn diese beiden

Adjektive haben, die in meinen Augen zu einer Bergwanderung, aber nicht zu den Versen eines Dichters passen. Ich habe es erst verstanden, als ich Aischylos auf Griechisch gelesen habe, und euch wird es nicht anders ergehen. Dasselbe gilt für alle Autoren und alle Sprachen.

Sehen wir uns den *Vorgang* des Übersetzens nun einmal aus der Nähe an.

Ich habe weder magische Rezepte noch Wunderlösungen anzubieten. Alles, was ihr bisher gelesen habt, sind meine persönlichen, auf langjähriger Erfahrung beruhenden Ratschläge. Man kann sie mit den Hausmitteln vergleichen, die eine Großmutter zur Behandlung aller möglichen Wehwehchen einsetzt, denn auch sie sind das Ergebnis eines im Laufe des Lebens angesammelten Wissens.

Zunächst einmal möchte ich darauf hinweisen, dass es einen großen Unterschied zwischen freier und schulmäßiger Übersetzung gibt. In der Schule wird in der Regel einer möglichst textgetreuen Wiedergabe der Vorzug gegeben, während die freie nicht so gern gesehen ist. Das ist durchaus vernünftig, da man anfangs noch viel zu ungeübt in der Sprache ist, um sie auf *persönliche Weise* zu benutzen. Es ist ja schon mühsam, das auszudrücken, was der Autor auf Griechisch sagen wollte. Sich selbst mittels des Altgriechischen auszudrücken wäre wirklich zu viel verlangt.

Letztlich kommt es darauf an, ob ein Text richtig oder falsch übertragen wurde. Und die schulmäßige

Übersetzung ist eine gute Sache, solange sie nicht zu einem Gefängnis wird. Sie darf kein eiserner Käfig sein, der das Altgriechische in ein rostiges Deutsch oder Italienisch zwängt.

Das Altgriechische ist eine synthetische Sprache – eine Sprache also, in der ein einziges Wort genügt, um grammatikalische Bezüge von den Fällen bis hin zu den Verbalkonstruktionen auszudrücken. Das Altgriechische hat es also nicht nötig, sich übermäßig zu erklären; viele seiner Konstruktionen sind implizit und unpersönlich, ihre Bedeutungen in Präfixen oder Endungen enthalten. Es ist eine pointierte, geradezu epigrammatische Sprache, was auch der Grund dafür sein dürfte, dass in ihr die Kunstform des Epigramms entwickelt wurde.

Die größte Gefahr bei einer schulmäßigen Übersetzung besteht darin, dass man in seiner eigenen Sprache einen Text erschafft, der noch obskurer und unverständlicher ist als das griechische Original. Wenn man die Partizipien zu implizit, die Infinitive zu infinit und die Pronomen zu wortgetreu überträgt, kann dabei etwas so Schulmäßiges herauskommen, dass es einer eigenen Übersetzung bedarf. Es ist schwer, ja geradezu unmöglich, die Schüler dazu zu bewegen, sich auch nur ein wenig vom Original zu lösen, um ihre eigene Version etwas freier zu gestalten. Die Gründe, aus denen sie die Sinngebung in ihrer eigenen Sprache auf dem Altar der grammatikalischen Korrektheit opfern, sind vielfältig. Es ist die Angst davor, etwas falsch zu machen, eine freiere Übersetzung zu wählen, die dem Lehrer womöglich nicht gefällt, oder etwas in eigene Worte zu fassen, das man im Grunde gar nicht verstanden hat.

Die Idee des Übersetzens als ein *Anderswo-Hinbringen* kommt dabei natürlich zu kurz, denn auf diese Weise bleibt die Übertragung in die eigene Sprache genauso mysteriös wie das griechische Original. Anstatt sich auf den Weg zu machen, ist man einfach an Ort und Stelle stehen geblieben.

Mir ist vollkommen bewusst, dass es für die freie Übersetzung eine große Vertrautheit mit der Sprache sowie Erfahrung und Selbstvertrauen braucht. Eigenschaften also, über die man in den ersten Jahren auf dem Gymnasium für gewöhnlich noch nicht verfügt – in den letzten hingegen schon. Es geht keineswegs darum, »sich etwas auszudenken«, wie meine Schüler es gerne nennen. Vielmehr ist es ein Versuch, der Sprache so nahezukommen, dass man ihr Wesen berührt.

Die Partikel

Die altgriechischen Texte sind voller Partikel, die sich – wie jeder Schüler weiß – oft nur schwer übersetzen lassen. Die geläufigsten sind μέν, δέ, γάρ und δή. Ihre Häufigkeit ist dem Umstand geschuldet, dass das Altgriechische ursprünglich keine Zeichensetzung besaß, wie sie von den zeitgenössischen Sprachen verwendet wird. Satzzeichen und Akzente wurden erst in byzantinischer Zeit hinzugefügt, um – wie bereits weiter oben ausgeführt – das Verständnis der geschriebenen Texte angesichts der starken Veränderungen im Griechischen zu erleichtern. Die Partikel erfüllten in den Texten also die Aufgabe der modernen Interpunktion. Da sie die logische Verbindung der Sätze miteinander verdeutlichten, hatten sie zugleich eine wichtige semantische Funktion. Das Problem ist, dass sie sich – wie gesagt – häufig kaum übersetzen lassen. Das Deutsche verfügt nicht über diese Vielzahl von Partikeln, sodass die Bedeutung bisweilen nur annäherungsweise wiedergegeben werden kann.

Μέν und δέ sind fraglos die häufigsten. Meist sind die beiden Partikel nur wenige Wörter oder Sätze voneinander entfernt und durch einen logischen Zusammenhang miteinander verbunden. Μέν zeigt im Allgemeinen den Beginn einer Argumentation an, und δέ alle weiteren, damit verbundenen Aspekte. Im Gespann dienen diese beiden Partikel also der Redeabfolge und finden sich vor allem in Beschreibungen, Erzählungen und Abhandlungen. Im Deutschen kann man sie mit »zwar ... aber«, »einerseits ... andererseits«, »teils ... teils« oder »sowohl ... als auch« übersetzen. Wenn sie alleine stehen, besitzt μέν eine bekräftigende Funktion und bedeutet so viel wie »wirklich« beziehungsweise »gewiss«, während δέ seine entgegensetzende Bedeutung behält und mit »aber« übersetzt werden kann.

Auch das Partikel γάρ ist sehr gebräuchlich. Wenn es wie beim nachfolgenden Xenophon-Passus am Anfang des Satzes steht, leitet es die Erklärung einer zuvor formulierten Aussage ein und kann mit »denn« oder »nämlich« wiedergegeben werden. Da diese Ursprungsaussage jedoch oftmals nicht in dem für die Übersetzung ausgewählten Textabschnitt enthalten ist, kann es leicht zu Missverständnissen in Bezug auf das kommen, wovon eigentlich die Rede ist.

Δή schließlich hebt das vorangehende Wort hervor und verleiht der Aussage eine gewisse Intensität. Es kann mit »also«, »schon«, »eben« oder »offenbar« übersetzt werden.

Im Folgenden gebe ich einen unter dem Motto »Ohne Fleiß kein Preis« bekannten Abschnitt von Xenophon wieder. Die Auswahl ist keineswegs zufällig, denn er fasst dieses Kapitel recht anschaulich zusammen. Um den Unterschied zwischen einer wortgetreuen schulmäßigen und einer freien, aber dennoch grammatikalisch korrekten Übersetzung zu verdeutlichen, biete ich zwei verschiedene Versionen an.

Τῶν γὰρ ὄντων ἀγαθῶν καὶ καλῶν οὐδὲν ἄνευ πόνου καὶ ἐπιμελείας θεοὶ διδόασιν ἀνθρωποις, ἀλλ' εἴτε τοὺς θεοὺς ἴλεως εἶναί σοι βούλει, θεραπευτέον τοὺς θεούς, εἴτε ὑπὸ φίλων ἐθέλεις ἀγαπᾶσθαι, τοὺς φίλους εὐεργετητέον, εἴτε ὑπό τινος πόλεως ἐπιθυμεῖς τιμᾶσθαι, τὴν πόλιν ὠφελητέον, εἴτε ὑπὸ τῆς Ἑλλάδος πάσης ἀξιοῖς ἐπ' ἀρετῇ θαυμάζεσθαι, τὴν Ἑλλάδα πειρατέον εὖ ποιεῖν, εἴτε γῆν βούλει σοι καρποὺς **ἀφθόνους** φέρειν, τὴν γῆν θεραπευτέον, εἴτε ἀπὸ βοσκημάτων οἴει δεῖν πλουτίζεσθαι, τῶν βοσκημάτων ἐπιμελητέον, εἴτε διὰ πολέμου ὁρμᾷς αὔξεσθαι καὶ βούλει δύνασθαι τούς τε φίλους ἐλευθεροῦν καὶ τοὺς ἐχθροὺς χειροῦσθαι, τὰς πολεμικὰς τέχνας αὐτάς τε παρὰ τῶν ἐπισταμένων μαθητέον καὶ ὅπως αὐταῖς δεῖ χρῆσθαι ἀσκητέον· εἰ δὲ καὶ τῷ σώματι βούλει δυνατὸς εἶναι, τῇ γνώμῃ ὑπηρετεῖν ἐθιστέον τὸ σῶμα καὶ γυμναστέον σὺν πόνοις καὶ ἱδρῶτι.

Schulmäßige Übersetzung:
Von dem Guten und wahrhaft Schönen geben die Götter den Menschen nichts ohne Mühe und Fleiß. Willst du, dass die Götter dir gnädig seien, so musst du sie ehren; willst du von deinen Freunden geliebt werden, so musst du ihnen Gutes erweisen; willst du von irgendeinem Staate geehrt werden, so musst du dem Staate nützlich werden; willst du von ganz Griechenland wegen deiner Tugend bewundert werden, so musst du dich um Griechenland verdient zu

machen suchen; möchtest du, dass dir die Erde reichliche Früchte trage, so musst du dieselbe pflegen; glaubst du, du müssest dich durch Herden bereichern, so musst du für Herden sorgen; trachtest du danach, im Kriege dir Ruhm zu erwerben, und möchtest du die Macht besitzen, deine Freunde zu befreien und deine Feinde zu besiegen, dann musst du nicht nur von solchen, die es verstehen, die Regeln der Kriegskunst erlernen, sondern dich auch in der Anwendung derselben üben; möchtest du aber endlich auch körperlich kräftig sein, so musst du deinen Körper gewöhnen, dem Geiste zu gehorchen, und unter Anstrengungen und Schweiß ihn abhärten.[14]

Freie Übersetzung:
Ohne Mühe und Fleiß gewähren die Götter den Menschen nichts Schönes und Gutes. Wenn du willst, dass die Götter dir gnädig sind, ehre sie. Wenn du von deinen Freunden geliebt werden willst, tue ihnen Gutes. Wenn du von einer Polis geehrt werden willst, tu dein Bestes. Wenn du in ganz Griechenland für deine Tugend bewundert werden willst, musst du dich um Griechenland verdient machen. Wenn du willst, dass der Boden für dich reiche Früchte trägt, musst du ihn pflegen. Wenn du glaubst, dich mit Herden bereichern zu müssen, musst du für sie sorgen. Wenn du im Krieg groß herauskom-

men und die Macht haben möchtest, deine Freunde zu befreien und deine Feinde zu besiegen, musst du von denen, die etwas davon verstehen, die Kriegskunst erlernen und dich darin üben. Wenn du außerdem einen starken Körper haben willst, musst du ihn dem Geist unterwerfen und unter Schweiß und Mühen trainieren.

Beide Übersetzungen sind grammatikalisch einwandfrei. Kein Lehrer hätte etwas dagegen einzuwenden. Aber welche der beiden Versionen ist euch, ist uns näher?

Es ist schon ein wenig merkwürdig, welch tiefe Spuren fünf Jahre Altgriechischunterricht auch noch zehn, zwanzig oder dreißig Jahre nach dem Abitur hinterlassen haben. Dieser unauslöschliche Abdruck, den der Umgang mit dem Altgriechischen in der eigenen Sprache hinterlassen hat.

Die Absolventen eines altsprachlichen Gymnasiums erkennt man in der Regel – und das nicht etwa an den Brillen, die sie vielleicht tragen. Es ist vielmehr ihre Art, zu schreiben und zu sprechen, die sie entlarvt. Ein sicheres Zeichen dafür, dass sie vom Altgriechischen durchdrungen sind, ist die Art und Weise, wie sie die Welt in der eigenen Sprache ausdrücken. Neben ihrem reichen Wortschatz, der unvermeidlich ist, wenn man fünf Jahre damit verbracht hat, Wörter, immer wieder Wörter, wunderschöne Wörter zu lernen, ist es eine gewisse Neigung zur Hypotaxe, also zu komplizierten Bandwurmsätzen. Einige Charakteristika der Sprache leben regelrecht in ihnen fort.

Zuallererst die Korrelation. Nach dem Übersetzen so vieler Texte, in denen das Für und Wider einer Sache auf logische Weise gegeneinander abgewogen wurde (die gedankliche Gegenüberstellung war ein beliebtes Mittel der Griechen, um ihre Argumentation zu untermauern), haben die Sätze derjenigen, die sich mit dem Altgriechischen abmühen mussten, häufig einen zweiteiligen Aufbau und sind mit Formulierungen durchsetzt wie »einerseits ... andererseits« oder »nicht nur ... sondern auch«. Dabei handelt es sich eindeutig um ein Erbe der zahllosen μέν ... / δε ... und οὐ μόνον ... / ἀλλὰ καὶ ... in den griechischen Texten.

Darüber hinaus der Anspruch auf logische Kohärenz. Es ist schwer, jemanden, der im Schweiße seines Angesichts darum gekämpft hat, den tadellos logischen Erwägungen in Platons Dialogen zu folgen, mit einem verzerrten Zeitungsartikel, der widersprüchlichen Argumentation eines Politikers, einer abwegigen Ansicht auf Facebook oder sich widersprechenden Angaben in einer Aufbauanleitung von Ikea an der Nase herumzuführen.

Viele von uns haben sich außerdem einen Blick für die griechische Herkunft von Begriffen in unserer eigenen Sprache bewahrt. Ich zum Beispiel kann gar nicht anders, als zu bemerken, dass *Geografie* eigentlich »die Erde beschreiben« oder *Telefon,* abgeleitet vom Substantiv φωνή (»Stimme«) und dem Verb φωνέω (»sprechen«), »aus der Ferne sprechen« bedeuten. Andere wiederum erinnern sich an die Kriege der Antike, die Phalanx, militärische Taktiken, Triremen, Lager, Barbaren, Gottheiten und Heroen. Und sie fühlen sich ihrerseits wie Helden, wenn sie mit Freunden amerikanische Monumentalfilme ansehen und dabei mit ihrem profunden Wissen glänzen können.

Und auch wenn ich keine statistischen Daten zur Hand habe, die das belegen würden, glaube ich doch, dass es die Absolventen der altsprachlichen Gymnasien sind, die das völlige Verschwinden des Semikolons verhindern. Fünf Jahre, in denen man das griechische Satzzeichen »·« mit »;« übersetzt hat, hinterlassen eben ihre Spuren.

Altgriechisch zu lernen wirkt sich zweifellos prägend auf unsere Art, zu schreiben, zu sprechen und zu denken, aus – mag das Ergebnis bisweilen auch etwas *merkwürdig* erscheinen. Und auch wenn wir diese Sprache vielleicht nicht geliebt haben, während wir die Schulbank drücken mussten, wird sie doch immer *unsere* bleiben. Sie hat Wurzeln in uns geschlagen und fängt manchmal in ganz unerwarteten Momenten auf wundervolle Weise an auszutreiben.

»Es öffnet den Geist« – nicht umsonst sagt man das über das Altgriechische, denn auf dem Gymnasium bereitet es unser Denken auf das Erwachsensein vor. Es kann uns, wenn wir uns der Sprache mit Zähigkeit, Beharrlichkeit und ein wenig Opferbereitschaft widmen, die Facetten des Lebens zeigen und uns lehren, sie zu entschlüsseln. Als Kinder kennen wir nur Schwarz oder Weiß. Wir lieben oder wir hassen etwas und müssen erst noch lernen, dass die Welt in Wahrheit aus unendlichen Schattierungen von Grau besteht. Die Befriedigung, den Stolz, die Frustrationen und die Enttäuschungen, die das Erlernen dieser Sprache mit sich bringt, können uns ein Stück weit auf den Umgang mit dem Schmerz und den Freuden des Erwachsenenlebens vorbereiten.

Es geht also nicht nur um die Sprache selbst, sondern auch um eine Lebenseinstellung. Schüler, die gezwungen sind, sich mit Konzepten auseinanderzusetzen, die weit größer sind als sie selbst, sind eher dazu in der Lage, das Ausmaß der Schwierigkeiten, des Glücks, der Mühsal und der Ironie zu erkennen, dem sie sich als Erwachsene stellen müssen. Es spielt keine Rolle, ob man ein Crack oder ein Versager in Altgriechisch war. Wenn man diese Sprache in so jungen Jahren lernt, führt das unweigerlich zu einer menschlichen Reife, wie sie – meiner Ansicht nach – kaum ein anderes Schulfach erzeugen kann. Ein altsprachliches Gymnasium zu besuchen ist ungefähr so, als wäre man (unwissentlich) zum Protagonisten griechischer Tragödien und Komödien geworden. In gewisser Weise hat sich dort der ursprüngliche, wilde Sinn menschlicher Existenz bewahrt, den man hier an sich selbst erfährt. Weiß man doch nie genau, ob man nun weinen oder lachen soll, ob man gewonnen oder verloren hat, ob man nah ist oder fern, ob man verstanden hat oder eben nicht.

»Ich habe die Sprache geliebt, weil sie die Geschmeidigkeit eines durchtrainierten Körpers hat und einen so reichen Wortschatz besitzt, in dem jedes einzelne Wort auf ganz unterschiedliche Weise den direkten Kontakt zur Realität bezeugt. Ich habe sie geliebt, weil fast alles Großartige, was wir Menschen je gesagt haben, auf Altgriechisch gesagt wurde«, schrieb die französische Schriftstellerin Marguerite Yourcenar.

Manchmal denke ich, dass das altsprachliche Gymnasium eine Schule *für Erwachsene* ist. Gerade weil es dort so schwierig ist, macht es das Leben danach leichter. Ganz gleich, ob man sich nun entscheidet, das Altgriechische sofort nach Abgabe der Abiturprüfung zu vergessen oder die Erinnerung daran zu bewahren.

Ich kann nicht beurteilen, ob das Erlernen der altgriechischen Sprache in der Schule auch das nachfolgende akademische Leben erleichtert. Die Mehrzahl meiner ehemaligen Schüler sagt allerdings, dass es so ist – unabhängig davon, ob sie nun Wirtschaftswissenschaften, Zahnmedizin oder Fremdsprachen studieren. Aber ich bin davon überzeugt, dass das Studium des Altgriechischen dazu beitragen kann, eine Lebens-, Liebes- und Arbeitsfähigkeit zu entwickeln, denn es lehrt einen, die Verantwortung für seine

Erfolge *und* Misserfolge zu übernehmen. Außerdem bringt es einem bei, das Leben zu genießen, auch wenn vielleicht nicht alles perfekt ist.

Das Altgriechische und wir.
Eine Geschichte

> *(...) von den Brücken*
> *über dem Fluss werde ich finden wo sie ruhen*
> *die Möwen, die so weit sind*
> *gereist.*
>
> *Nicht erkennen werdet ihr mich*
> *die ihr heimgeht ohne zu schauen*
> *niemals werdet ihr wissen wer das verbannte*
> *Mädchen ist, das euch den Weg abschneidet und*
> *lacht.*
>
> GIUSEPPE CONTE,
> aus *Poesie*

Vorbemerkung: Was eine Sprache ist

Eine *Sprache,* jede Sprache, ist menschlich – in jedem ihrer Worte. *Lebendig* wird sie jedoch nicht durch Abläufe in der Psyche – also das Denken einzelner Gedanken – oder durch die Sprechorgane – also die Lippen und Stimmbänder – des Sprechers, sondern durch die Vielzahl der Menschen, die sie nutzen, um die Welt zu erfassen und sie in Worte zu kleiden. *Lebendig* wird eine Sprache also erst durch die Gesellschaft.

Eine Sprache ist, wie bereits Ferdinand de Saussure (Schweizer Sprachwissenschaftler, 1857–1913) und Antoine Meillet (französischer Sprachwissenschaftler, 1866–1936) dargelegt haben, eine soziale Tatsache, denn sie drückt eine ganz bestimmte Weltauffassung aus. Sie dient den Menschen, die diese Weltauffassung teilen, dazu, sich *miteinander zu verständigen*. Ohne die Frauen und Männer, die sie sprechen und schreiben, kann eine Sprache nicht existieren. Wenn es niemanden mehr gibt, der eine Sprache verwendet, nennt man sie eine *tote Sprache*.

Gleichzeitig ist eine Sprache *immanent* und unabhängig vom einzelnen Individuum. Es reicht nicht aus, dass ein Einzelner ein Wort verändert, damit sich die Sprache aller plötzlich ändert. Jeder sprachlichen Veränderung geht ein sozialer Wandel voraus. Wenn sich eine Gesellschaft verändert, verändert sich ihre Sprache mit ihr.

Die Sprachwissenschaft oder auch Linguistik ist die Wissenschaft von der Sprache und ihren Entwicklungen. Es ist keine exakte Wissenschaft, denn sie ist nicht messbar wie die Naturwissenschaften. Sie ist eine Sozialwissenschaft. Weil Sprache nicht nur eine Ansammlung von Regeln ist, überschneidet sich die moderne Linguistik zwangsläufig mit Disziplinen wie der Archäologie, der Anthropologie, der Statistik, der Sozialgeografie, der Ethnologie, den Wirtschaftswissenschaften und vor allem der Soziologie.

Sprache ist keine technische Disziplin. Ihre Wörter verändern sich ebenso wenig nach festgelegten, unabwendbaren Regeln, wie Menschen es tun.

Betrachtet man die Entwicklung unserer Sprache, könnte man meinen, Sprache werde einfach von Generation zu Generation weitergegeben und die Veränderungen – hier ein verschwundenes, dort ein neues Wort, hier eine wegfallende, dort eine hinzugefügte Silbe, hier ein vergessenes, dort ein aus einer anderen Sprachen entlehntes Verb – seien das Ergebnis einer bisweilen fehlerhaften mechanischen Übermittlung von Mund zu Mund, vom Vater auf den Sohn.

Doch jeder, der einmal ein Kind beim Sprechenlernen beobachtet hat, weiß, dass es so nicht funktioniert. Man muss kein Sprachforscher sein, um zu erkennen, dass ein einzelner Fehler oder eine individuelle Sprachschöpfung nicht ausreichen, um bei allen Sprechenden einer Sprache eine Veränderung zu bewirken. Gleichzeitig kennt jeder, der einmal ein fremdes Land bereist hat, das Gefühl der Ausgrenzung und Verwirrung, das sich einstellt, wenn man die Landessprache nicht versteht. Es genügt nicht, einfach in der eigenen Sprache weiterzureden, damit die anderen ihre wechseln.

Sprache ist folglich ein Kulturinstrument und Ausdruck eines gemeinschaftlichen Bewusstseins. Nicht eines Nationalbewusstseins, denn das kommt später, mit den geraden und krummen Grenzen, die wer weiß wer auf die Weltkarte gezeichnet hat. Ein Staat ist weder ausreichend noch notwendig, um eine gemeinsame Sprache zu haben. Man denke nur an die vielen Sprachen Indiens oder an das Arabische, das von Marokko bis in den Irak gesprochen wird, oder an das Englische, auf das man überall trifft. Macht uns das alle zu Engländern? Natürlich nicht. Die politische Geografie hat nicht das Geringste mit der Linguistik zu tun, die Sozialgeografie hingegen schon. Um eine gemeinsame Sprache auszubilden, braucht es zwar keine nationale Einheit, aber eine gemeinsame kulturelle Identität ist dafür unabdingbar.

Wenn es also der Sinn einer Sprache ist, einem Volk oder einer Gemeinschaft die Möglichkeit zu geben, die Welt zu erfassen und in Worte zu kleiden, wird dieser Umstand wohl an keiner anderen Sprache so deutlich wie dem Altgriechischen. Zwar sind die Griechen über Jahrtausende weder ein *Staat* noch eine *Nation* gewesen, aber sie waren immer ein *Volk*. Jahrhundert um Jahrhundert haben sie das Griechische geformt, abgegrenzt, gehegt oder sich davon abgewandt, haben ihre Sprache beständig mit ihrer Auffassung vom Leben abgeglichen und jedes einzelne Wort abgewogen, um es schließlich den Wörtern der Nachbarvölker und Eroberer vorzuziehen.

Lebende Sprache, tote Sprache. Die Bedeutung des Altgriechischen liegt in den Einblicken, die es bietet, in seiner Geschichte und vor allem in der Denkweise der Griechen.

Das Indogermanische

Man kennt die Vergangenheit des Altgriechischen, denn es ist, wie ja bereits deutlich wurde, eine indogermanische Sprache. Der Begriff wird stets verwendet, um die Besonderheit des Altgriechischen zu erklären.

Aber was genau bedeutet eigentlich *indogermanisch*? Das Indogermanische ist eine Sprache, von der es schon deshalb keine Nachweise gibt, weil in ihr niemals etwas geschrieben wurde. Mehr noch, es fehlt auch jede Erinnerung an das Volk, das sie benutzt hat. Aber die Übereinstimmungen zwischen den meisten europäischen (*alle* mit Ausnahme des Iberischen, Baskischen, Etruskischen, Finnischen, Ungarischen und Türkischen) und einer Reihe asiatischer Sprachen (das Armenische, das Iranische, die in Indien gesprochenen Sprachen und das Sanskrit) sind zu eindeutig, um dem Zufall geschuldet zu sein. Die Gemeinsamkeiten der genannten antiken und modernen Sprachen zeigen, dass diese sich aus einer sehr viel älteren Originalsprache entwickelt haben müssen, dem Indogermanischen eben.

Ohne Belege bleibt nur die Rekonstruktion. Was wir heute über das Indogermanische wissen, ist das Ergebnis intensiver sprachgeschichtlicher Forschungen, in deren Verlauf mithilfe der vergleichenden Methode das Vokabular und die grammatische Struktur einer der ersten auf der Welt gesprochenen Sprachen erschlossen wurden. Wenn aber eine Sprache die Umwandlung einer älteren Sprache ist, muss es zuvor schon eine menschliche Gemeinschaft gegeben haben, die denselben Wortschatz, dieselbe Sprechweise und dieselbe Grammatik verwendete, um die Welt zu beschreiben.

Dennoch hat es zu keinem Zeitpunkt und an keinem Ort auf dieser Welt auch nur zwei Menschen gegeben, die exakt auf dieselbe Weise gesprochen und geschrieben haben. Außerdem ist es unmöglich, dass eine Sprache unverändert von einer an die nächste Generation weitergegeben wird. Sprechen wir heute etwa noch genauso wie unsere Großeltern? Oder schreiben wir noch dieselben Grüße auf unsere Glückwunschkarten? Tatsächlich benutzen wir ja nicht einmal mehr dasselbe Medium, sondern verschicken lieber SMS. Allein in den letzten fünfzig Jahren hat sich unsere Welt und mit ihr die Wörter, die sie beschreiben, auf technischem, wissenschaftlichem und politischem Gebiet enorm verändert. Wie viele *unbekannte,* bis dahin nie gesagte oder auch nur gedachte Wörter waren notwendig, um die neuen, in dieser Zeit entstandenen Gegenstände und Konzepte zu benennen? Und wie viele *obsolet* gewordene Wörter sind gleichzeitig verschwunden, weil sie längst vergessene Gegenstände und Konzepte bezeichnen?

Natürlich tragen auch die Kommunikationsmittel – Radio, Fernsehen, E-Mail oder die sozialen Medien – zur Veränderung einer Sprache bei.

Das Indogermanische erlebte einen vergleichbaren Prozess und veränderte sich im Laufe der Jahrhunderte, bis aus der einheitlichen Ursprache ein und desselben Volkes, die verschiedenen Sprachen vieler Völker geworden waren. Denn wenn sich die auf einer gemeinsamen Sprache beruhenden sozialen und kulturellen Bindungen auflösen, werden aus einem Volk verschiedene Völker mit jeweils eigenen Sprachen. Diese Entwicklungen verstärken sich gegenseitig, denn obwohl die Sprachen denselben Ursprung – in diesem Fall das Indogermanische – haben, werden sie von den Sprechenden schon deshalb als unterschiedlich empfunden, weil sie verschiedenen Völkern angehören, die mit ihrer Sprache wiederum verschiedene Gesellschaften beschreiben. Und sobald Menschen der Ansicht sind, nicht mehr dieselbe Sprache zu sprechen, werden die linguistischen Unterschiede immer größer, und die Sprachen driften immer weiter auseinander.

Genau das ist auch bei der Entstehung der romanischen Sprachen geschehen. Das Lateinische verwandelte sich rasch in Französisch, Italienisch, Spanisch, Rumänisch, Portugiesisch, Katalanisch und Provenzalisch, während sich zugleich neue Völker und Kulturen ausbildeten und die Nachfolge des Römischen Reiches antraten.

Neben den romanischen oder neulateinischen Sprachen gehört der indogermanischen Sprachfamilie auch die Gruppe der germanischen Sprachen mit Englisch, Deutsch, Niederländisch, Norwegisch,

Dänisch und Isländisch an. Hinzu kommen die Gruppe der keltischen Sprachen mit Gälisch, Bretonisch und Irisch, die Gruppe der indoiranischen Sprachen mit Sanskrit, Vedisch, Persisch, Urdu, den Idiomen sprachlicher Minderheiten in Oman, Afghanistan und Pakistan sowie das Avestische (eine altiranische Sprache) und die Gruppe der baltoslawischen Sprachen mit Slowenisch, Serbisch, Bosnisch, Bulgarisch, Russisch, Polnisch, Weißrussisch und Ukrainisch.

»Alle Bilder werden verschwinden.« So beginnt das wundervolle Buch *Die Jahre* von Annie Ernaux, das der individuellen Erinnerung eines Volkes gewidmet ist.

Wir tun uns heute nicht leicht, die Völker, die unseren Kontinent bewohnen, in sprachlicher Hinsicht als *Brüder* anzusehen. Genauso erging es den Griechen des 5. Jahrhunderts v. Chr. mit den Persern, in denen sie nichts weiter als Barbaren sahen. Geschweige denn, dass sie ihre Gemeinsamkeiten mit der persischen oder hethitischen Sprache und Kultur verstanden oder auch nur erkannt hätten.

Und doch sagen wir auf Italienisch *padre,* so wie auf Griechisch πατηρ, auf Französisch *père,* auf Sanskrit *pitar,* auf Gotisch *fader* oder *father* auf Englisch und *Vater* auf Deutsch. Sie alle stammen von einer gemeinsamen Urform, dem indogermanischen **pəter* ab. Worte der Zuneigung und der Familie sind diejenigen, die am langsamsten verblassen. Deshalb erkennen wir die indogermanische Wurzel *məter* ohne Schwierigkeit im italienischen *madre*, im *matar* des Sanskrit, im griechischen μήτηρ, im englischen *mother*, im deutschen *Mutter*, im französischen *mère* oder im slawischen *mati* wieder.

Die indogermanischen Wurzeln dieser Worte sagen jedoch wenig über die Menschen aus, die sie einst verwendet haben, um damit ihre ganz persönliche Sicht auf die Welt auszudrücken. Es ist eine Welt, die wir nicht kennen und auch niemals kennen werden. Man weiß nur, dass ein Volk mit einer gemeinsamen Sprache existierte, das sich dann in *verschiedene* Sprachen und Völker aufgespalten hat. Die Archäologie hat in Europa und Asien Spuren einer bronzezeitlichen Zivilisation ans Licht gebracht, die zu einer »indogermanischen Kultur« gehört haben könnten. Allerdings sind die Waffen, Werkzeuge und Baureste von zu geringer historischer Aussagekraft, um uns ein klares Bild zu vermitteln. Die Archäologie ist eine wertvolle, aber stumme Wissenschaft.

Die indogermanische Sprache konnte sich wohl deshalb über ein großes Gebiet verbreiten, weil das indogermanische Volk eine einheitliche, sich von anderen Gesellschaften deutlich abhebende, dominante Kultur besaß. Vergleichbar dem Englischen, das auch nach der Unabhängigkeit die Sprache der Vereinigten Staaten geblieben ist. Bei dem Versuch, die Herkunftsregion des indogermanischen Urvolkes zu bestimmen, können insbesondere Wörter helfen, in denen eine konkrete Weltsicht zum Ausdruck kommt. Pflanzennamen etwa sind einfach zu lokalisieren. So geht man zum Beispiel davon aus, dass das deutsche Wort *Birke* eine indogermanische Wurzel besitzt, die sich ähnlich auch im Sanskrit, im Iranischen, im Slawischen, im Russischen, im Litauischen und im Schwedischen findet. Die Birke ist ein häufig in Gebirgsregionen anzutreffender, an feuchtkaltes Klima angepasster Baum. Da es in Griechenland keine Birken gibt, kennt das Griechische das Wort für diese Pflanze nicht mehr. Die indogermanischen Volksgruppen, die sich in diesem Gebiet ansiedelten, gaben es auf, denn es wurde schlicht nicht mehr gebraucht. In Verbindung mit archäologischen und ethnologischen Untersuchungen können linguistische Überlegungen wie diese die indogermanische Urbevölkerung in den Regionen nördlich des Kaspischen und des Schwarzen Meeres lokalisieren. Von dort besiedelten diese Menschen in einem langen Migrationsprozess seit dem 4. Jahrtausend v. Chr. den eurasischen Kontinent.

Während dieses tausendjährigen Marsches in alle Himmelsrichtungen entwickelten sich durch die Begegnung mit Völkern, die in den Einwanderungsgebieten bereits ansässig waren, *neue* und *andersartige* Gesellschaften. Und dadurch entstanden zwangsläufig auch *neue* und *andersartige* Sprachen. Unter diesen Sprachen hat auch das Altgriechische seinen Ursprung. Sein Vorläufer wurde von indogermanischen Bevölkerungsgruppen gesprochen, die um

2000 v. Chr. auf das griechische Festland und die Ägäischen Inseln vorgedrungen sind.

Das Griechisch vor dem Altgriechischen: das Urgriechische

Wir kennen sogar den unmittelbaren Vorläufer des Altgriechischen. Das *Urgriechische* war die gemeinsame Basis aller nachfolgenden Dialekte, die sich im Verlauf des 2. Jahrtausends v. Chr. herausbildeten. Was aber in den etwa tausend Jahren geschah, in denen sich das Urgriechische aus dem Indogermanischen entwickelte, darüber wissen wir so gut wie nichts. Es gibt keine gesicherten Zeugnisse aus diesem Zeitraum der Sprachgeschichte, sondern nur Vermutungen und einige wenig aussagekräftige archäologische Überreste.

Sicher ist allerdings, dass ἡ θάλαττα, »das Meer« – jenes Wort, das die Soldaten Xenophons mit Freudentränen in den Augen riefen, als sie nach einem Jahr verzweifelten Marschierens endlich das Schwarze Meer bei Trabzon erblickten –, weder altgriechisch noch indogermanisch ist.

Ἐπεὶ δὲ οἱ πρῶτοι ἐγένοντο ἐπὶ τοῦ ὄρους καὶ κατεῖδον τὴν θάλατταν, κραυγὴ πολλὴ ἐγένετο. Ἀκούσας δὲ ὁ Ξενοφῶν καὶ οἱ ὀπισθοφύλακες ᾠήθησαν ἔμπροσθεν ἄλλους ἐπιτίθεσθαι πολεμίους· εἵποντο γὰρ ὄπισθεν ἐκ τῆς καιομένης χώρας, καὶ αὐτῶν οἱ ὀπισθοφύλακες ἀπέκτεινάν τέ τινας καὶ ἐζώγρησαν ἐνέδραν ποιησάμενοι, καὶ γέρρα ἔλαβον δασειῶν βοῶν ὠμοβόεια ἀμφὶ τὰ εἴκοσιν. Ἐπειδὴ δὲ βοὴ πλείων τε ἐγίγνετο καὶ ἐγγύτερον καὶ οἱ ἀεὶ ἐπιόντες ἔθεον δρόμῳ ἐπὶ τοὺς ἀεὶ βοῶντας καὶ πολλῷ μείζων ἐγίγνετο ἡ βοὴ ὅσῳ δὴ πλείους ἐγίγνοντο, ἐδόκει δὴ μεῖζόν τι εἶναι τῷ Ξενοφῶντι, καὶ ἀναβὰς ἐφ᾽ ἵππον καὶ Λύκιον καὶ τοὺς ἱππέας ἀναλαβὼν παρεβοήθει· καὶ τάχα δὴ ἀκούουσι βοώντων τῶν στρατιωτῶν Θάλαττα θάλαττα καὶ παρεγγυώντων. Ἔνθα δὴ ἔθεον πάντες καὶ οἱ ὀπισθοφύλακες, καὶ τὰ ὑποζύγια ἠλαύνετο καὶ οἱ ἵπποι. Ἐπεὶ δὲ ἀφίκοντο πάντες ἐπὶ τὸ ἄκρον, ἐνταῦθα δὴ περιέβαλλον ἀλλήλους καὶ στρατηγοὺς καὶ λοχαγοὺς δακρύοντες.

Kaum waren die Ersten hinaufgelangt und hatten das Meer erblickt, erhob sich lautes Rufen. Xenophon und die Nachhut hörten es und meinten, es griffen vorn andere Feinde an; denn von hinten setzten ihnen jeweils die Feinde aus dem verwüsteten Lande nach. Die Leute der Nachhut hatten auch einige von ihnen getötet, andere aus dem Hinterhalt gefangen, dazu ungefähr zwanzig Schilde aus dichtbehaarten, frisch abgezogenen Rindshäuten erbeutet. Als das Rufen immer mächtiger wurde, je näher sie kamen, und die jeweils Nachrückenden im

Laufschritt zu den fortwährend Rufenden aufschlossen und das Rufen um so viel lauter ertönte, je größer die Zahl wurde – da schien dem Xenophon doch, es sei etwas Außerordentliches: er bestieg sein Pferd, nahm Lycios und die Reiter mit und sprengte die Kolonne entlang zu Hilfe. Und bald schon hören sie, wie die Soldaten »Das Meer! Das Meer!« rufen und wie das Wort von Mann zu Mann weitergegeben wird. Nun liefen alle, auch die Nachhut, und trieben die Lasttiere und die Pferde an. Als nun alle die Höhe erreicht hatten, umarmten sie einander unter Tränen, sogar Feldherrn und Hauptleute.[15]

Es gab demnach eine Zeit, in der das Altgriechische kein Wort für das Meer besaß oder es vergessen hatte, was ein Hinweis darauf sein dürfte, dass die indogermanische Urbevölkerung aus einer bergigen, küstenfernen Inlandsregion stammte. Die indogermanische Wurzel *mor(i), die sich in einigen antiken und modernen Sprachen wiederfindet, bedeutet eigentlich »Sumpf« beziehungsweise »See«. Dennoch bezeichnet das davon abgeleitete lateinische *mare* eine weite, grenzenlose Wasserfläche. Ganz anders das russische *more*, das slawische *mor* oder das deutsche *Moor*, die ein begrenztes, stehendes Gewässer meinen. Im althochdeutschen *mer(i)*, dem Vorläufer des hochdeutschen *Meer*, scheinen interessanterweise noch beide Bedeutungen nebeneinander bestanden zu haben.

In den meisten indogermanischen Sprachen fehlt diese Wurzel allerdings gänzlich. Als die indogermanischen Bevölkerungsgruppen, aus denen die alten Griechen hervorgingen, das Mittelmeer erreichten, waren sie folglich gezwungen, es mit einem *neuen* Namen zu versehen.

Das Altgriechische entschied sich, das Meer ἡ ἅλς, »die gesalzene Weite«, zu nennen – im Femininum, um es vom maskulinen ὁ ἅλς, »das Salz«, zu unterscheiden –, und ist damit die einzige Sprache, deren Bezeichnung für das Meer auf dem Wort für »Salz« basiert. Als die Einwanderer sich mit der praktischen Notwendigkeit konfrontiert sahen, einer bis dahin nie gesehenen Sache einen Namen in ihrer eigenen Sprache zu geben, benannten sie sie wohl nach ihrer offensichtlichsten Eigenschaft.

Daneben besitzt das Griechische allerdings noch weitere, ganz unterschiedliche Wörter, um das Meer zu bezeichnen: ὁ πόντος, »der Pfad« beziehungsweise »die Passage«, bezieht sich auf die Schiffbarkeit des Meeres – eine Bedeutung, die sich im lateinischen *pons* und im italienischen *ponte* wiederfindet; ὁ πέλαγος, »die ebene Fläche« beziehungsweise »die Oberfläche«, ist ein Wort mit ungewisser Herkunft, das die flache, einer Ebene oder einer blauen Steppe vergleichbare Weite des Meeres meint. Der geläufigste griechische Begriff für das Meer ist jedoch das von Xenophon beschworene θάλαττα. Seine Herkunft ist ungewiss. Vermutlich ist er aus der Sprache einer mediterranen Urbevölkerung entlehnt. Jedenfalls gibt es dieses Wort nur im Altgriechischen; es hat weder Vorläufer noch Nachfolger in irgendeiner anderen Sprache dieser Welt.

Alle griechischen Dialekte, die wir kennen, stammen vom *Urgriechischen* ab, einer Sprache, die sich bereits eindeutig vom Indogermanischen unterscheidet. Sprachen verändern sich immer dann am schnellsten, wenn sie von Eroberern gesprochen werden. Wir dürfen also davon ausgehen, dass sich das Urgriechische zu wandeln begann, sobald sich das Volk, dessen Sprache es war, zu großen territorialen und kulturellen Eroberungen imstande sah. Da es keine schriftlichen Zeugnisse oder andere historische Daten darüber gibt, kann man über diese Vorgänge allerdings nur Vermutungen anstellen. Wieder einmal hilft nur ein Blick unter die Oberfläche der Wörter weiter.

Im Lexikon finden sich zwei nahezu identische, nur durch ihre Akzentsetzung zu unterscheidende Einträge: ὁ νομός, »die Weide«, und ὁ νόμος, »das Gesetz«. Beide entstammen der Wurzel νομ/νεμ, die so viel wie »verteilen« bedeutet. Das erste Wort, ὁ νομός, steht für »das dem Hirten (ὁ νομάς) anvertraute Landstück« und geht auf eine Epoche umherziehender Viehzüchter zurück. Nicht umsonst ist der Begriff *Nomade* von νομάς abgeleitet. Das zweite Wort, ὁ νόμος, hingegen verweist auf eine Gesellschaft, die auf einem genau definierten Territorium ansässig war, auf dem die Weiden folglich *per Gesetz* zugewiesen wurden. Mit dem Wandel der griechischen Kultur ging demnach zugleich ein Bedeutungswandel der Worte einher.

Auch heute noch, im Neugriechischen, ist νόμος das Gesetz, während νομός eine Provinz oder einen Verwaltungsbezirk meint. Der Νομός Θεσσαλονίκης etwa ist die »Provinz Saloniki«.

Das Urgriechische hat – ebenso wie das Altgriechische – die distinktiven, für die Bedeutung zuständigen Strukturen des Indogermanischen und damit dessen Weltsicht bewahrt. Vor allem die deutliche Unterscheidung zwischen Nominal- und Verbalsystem ist in diesem Zusammenhang zu nennen. Bei den Nomen gab es drei Geschlechter (Maskulinum, Femininum und Neutrum), drei Numeri (Singular, Dual und Plural) und ein Kasussystem. Jedes Verb besaß drei Genera Verbi (Aktiv, Medium und Passiv), drei Personen, drei Numeri, vier Modi (Indikativ, Konjunktiv, Optativ und Imperativ) und zwei infinite Formen (Partizip und Infinitiv).

Das Tempus schließlich war eine nebensächliche, dem Aspektwert der Handlung untergeordnete Kategorie. Die Handlung wurde im Urgriechischen noch genauso ausgedrückt, wie es im Urindogermanischen gewesen sein muss, also nicht auf der Grundlage des *Wann*, sondern des *Wie* und der Konsequenzen, die das Geschehen für den Sprechenden hat. Die drei Verbalstämme (Präsens, Aorist und Perfekt) zeigten also den Aspekt des Verbs und nicht sein Tempus an.

Durch einen seltsamen und spektakulären historischen Vorfall hat das Altgriechische im 1. Jahrtausend v. Chr. bereits seine voll ausgeprägte, *erwachsene* Form angenommen. Von seinem Übergang aus dem Urgriechischen ist nichts erhalten geblieben. Tatsächlich ist das Altgriechische die einzige Sprache indogermanischer Herkunft, die so viele Neuerungen aufweist, ohne dass es Hinweise auf ihre Vorläufer und ihre Entwicklung gäbe. Das ist der erste Schritt des Altgriechischen auf einem einzigartigen, von den anderen indogermanischen Sprachen isolierten Weg – ein Weg, der anschließend zu einer einsamen Hauptstraße wird, denn wie seine weitere Entwicklung zeigt, bleibt das Griechische die einzige Sprache in Europa, die sich fortwährend *in sich selbst* verändert, ohne jemals zu einer anderen geworden zu sein.

Man könnte es die immerwährende Einsamkeit des Griechischen nennen.

Viele verschiedene Dialekte und ein klassisches Griechisch: aber welches?

Das Griechische hat sich der Geschichte in ganz unterschiedlichen Formen präsentiert. Jede Region und jede Stadt besaßen eine Art eigener Sprache, die in offiziellen Dokumenten und privaten Schriften ihren Niederschlag gefunden hat. Gleichzeitig hatte jedes literarische Genre seine eigene kanonische

Sprache, die jeder Autor wiederum auf seine eigene, ganz persönliche Weise anwendete. Deshalb kann man zumindest für die frühste Epoche des Altgriechischen, die Zeit zwischen dem 6. und 5. Jahrhundert v. Chr., sagen, dass ebenso viele Varianten dieser Sprache existierten, wie es Texte (und folglich Sprechende) gab. Diese verschiedenen Formen des Altgriechischen werden in linguistischen Einheiten zusammengefasst, die man als *Dialekte* bezeichnet.

Um zu begreifen, was es bedeutet, Altgriechisch zu verstehen und sich auf Altgriechisch verständlich zu machen, gilt es immer, den Umstand zu berücksichtigen, dass die alten Griechen niemals eine staatliche Einheit bildeten. Als ethnische Einheit hingegen haben sie sich stets betrachtet und waren zugleich stolz darauf, Griechen zu sein – was sich wohl auch niemals ändern wird.

Der politische Staat Griechenland existiert erst seit 1832, nachdem es den Menschen dort gelungen war, sich aus einer langen Fremdherrschaft zu befreien. Das griechische Volk, das Griechentum, wie es Herodot beschreibt, τὸ Ἑλληνικόν, »die Hellenen«, hat es jedoch immer gegeben – von Homer bis zum heutigen Tag. So antworteten die Athener auf die Befürchtung der Spartaner, sie könnten ein Bündnis mit dem persischen Großkönig eingehen, Folgendes:

Τὸ μὲν δεῖσαι Λακεδαιμονίους μὴ ὁμολογήσωμεν τῷ βαρβάρῳ, κάρτα ἀνθρωπήιον ἦν· ἀτὰρ αἰσχρῶς γε οἴκατε ἐξεπιστάμενοι τὸ Ἀθηναίων φρόνημα ἀρρωδῆσαι, ὅτι οὔτε χρυσός ἐστι γῆς οὐδαμόθι τοσοῦτος οὔτε χώρη κάλλει καὶ ἀρετῇ μέγα ὑπερφέρουσα, τὰ ἡμεῖς δεξάμενοι ἐθέλοιμεν ἂν μηδίσαντες καταδουλῶσαι τὴν Ἑλλάδα. Πολλά τε γὰρ καὶ μεγάλα ἐστὶ τὰ διακωλύοντα ταῦτα μὴ ποιέειν μηδ᾽ ἢν ἐθέλωμεν, πρῶτα μὲν καὶ μέγιστα τῶν θεῶν τὰ ἀγάλματα καὶ τὰ οἰκήματα ἐμπεπρησμένα τε καὶ συγκεχωσμένα, τοῖσι ἡμέας ἀναγκαίως ἔχει τιμωρέειν ἐς τὰ μέγιστα μᾶλλον ἤ περ ὁμολογέειν τῷ ταῦτα ἐργασαμένῳ, αὖτις δὲ τὸ Ἑλληνικὸν ἐὸν ὅμαιμόν τε καὶ ὁμόγλωσσον καὶ θεῶν ἱδρύματά τε κοινὰ καὶ θυσίαι ἤθεά τε ὁμότροπα, τῶν προδότας γενέσθαι Ἀθηναίους οὐκ ἂν εὖ ἔχοι.

Dass die Spartaner fürchten, dass wir zu einer Einigung mit dem Barbaren gelangen könnten, ist menschlich sehr verständlich; aber es ist doch eine Schande, wenn ihr davor offenbar Angst habt, obwohl ihr das Denken der Athener gut kennt: Weder gibt es irgendwo auf der Erde so viel Gold noch ein an Schönheit und Fruchtbarkeit (so) gewaltig überragendes Land, dass wir nach dem Erhalt solcher Dinge auf die persische Seite treten und Griechenland in Knechtschaft bringen wollten. Denn es gibt viele bedeutende Faktoren, die uns daran hindern, das zu tun, selbst wenn wir es wollten: als ersten und bedeutendsten die niedergebrannten und zerstörten Kultbilder und Häuser der Götter, für die wir in höchstem Maße Rache üben müssen – viel mehr als zu einer Einigung zu kommen mit dem, der das getan hat; ferner das Griechentum, das das gleiche Blut und die gleiche Sprache besitzt, die gemeinsamen Heiligtümer der Götter, die Opferfeiern und die gleichartigen Sitten; dass die Athener an diesen Dingen zu Verrätern werden sollten, wäre nicht gut.[16]

Für das Verständnis der griechischen Sprache, sei es in ihrer Urform oder in ihrer klassischen beziehungsweise modernen Ausprägung, ist das »Griechentum« von entscheidender Bedeutung. Es ist der Schlüssel zu der intellektuellen Herausforderung, von der ich in diesem Buch bereits gesprochen habe, nämlich *wie die Griechen zu denken und diese Gedanken in ihrer Sprache auszudrücken*.

Die griechische *Polis*, ἡ πόλις, war ursprünglich eine militärische Befestigung, eine Zitadelle oder eine befestigte Ortschaft, vergleichbar dem lateinischen *castrum* oder der deutschen *Burg*. Sie diente dem Schutz der Einwohner vor Eindringlingen oder feindlich gesinnten Bevölkerungsgruppen aus dem Hinterland. Zumeist erhöht errichtet, beherrschte sie die Umgebung und wurde deshalb *Akropolis, ἡ ἀκρόπολις*, genannt (von ἄκρός, »spitz« beziehungsweise »hoch gelegen«). Schon früh haben die Griechen allerdings auch ihre wichtigsten Kultstätten, Institutionen und Schulen innerhalb der Befestigungen untergebracht, gingen dort ihren intellektuellen Aktivitäten nach und verwandelten diese Orte dadurch in Zentren politischer und kultureller Macht.

So wurde das Wort πόλις zum Synonym für die *Stadt* als Ganzes – Athen, Sparta, Korinth, Theben – und obendrein für den Staat. Und obwohl sie bisweilen miteinander verbündet waren, wachten die Städte nicht nur mit Argusaugen über ihre jeweiligen Werte und Traditionen, sondern auch über ihre Sprache. Keine πόλις hätte jemals auf ihre ureigene Essenz, den Grund ihres Daseins verzichtet: die Freiheit. Die Verbundenheit des Volkes beruht nicht, wie Herodot sagt, auf politischen Statuten, sondern auf der Gemeinsamkeit von Blut und Sprache, den Heiligtümern und gemeinschaftlichen Opfern sowie ähnlichen Sitten und Gebräuchen. Die Griechen aller Regionen kamen in panhellenischen Heiligtümern wie Delphi und Olympia zusammen, etwa anlässlich der Olympischen Spiele. Auch Kunst, Dichtung und Philosophie waren überall verbreitet, und die intellektuelle Debatte war ein gemeinsames Steckenpferd aller Griechen, das jede Sprachbarriere überwand.

Das *Griechentum,* τὸ Ἑλληνικόν, stand dem *Barbarentum* gegenüber. Der Begriff βάρβαρος umfasste alle Fremden, deren Sprache und Kultur nicht griechisch waren, ganz gleich, ob sie aus nahen oder weit entfernten Regionen stammten.

Kehren wir jedoch zum klassischen Altgriechisch und seinen vielen Dialekten zurück. Wir können mit Sicherheit sagen, dass niemals eine autonome, von allen anderen unabhängige altgriechische Sprechweise existierte.

Thukydides zufolge verstanden die Griechen einander bereits vor dem Trojanischen Krieg, auch wenn das Volk »noch nicht einmal diesen Namen (Hellas) schon als Ganzes trug« – οὐδὲ τοὔνομα τοῦτο ξύμπασά πω εἶχεν, so schreibt es der große Historiker in der sogenannten *Archäologie*, die seinem Buch über den Peloponnesischen Krieg vorangestellt ist. Erst anlässlich der mythischen Auseinandersetzung um Troja bündelten die Hellenen ihre Kräfte, Flotten und Waffen, um, einer gemeinsamen Weltsicht folgend, gegen einen gemeinsamen Feind vorzugehen und sich schließlich unter ein und demselben Namen zu vereinen.

Die homerischen Epen, also *Illias* und *Odyssee*, sind das wohl bedeutendste Beispiel für die sprachliche und kulturelle Einheit der griechischen Welt. Verfasst in einer auf dem ionischen Dialekt basierenden literarischen Sprache, in die noch weitere, ganz unterschiedliche umgangssprachliche Elemente eingeflossen sind, wurden die von den Abenteuern der griechischen Helden vor Troja berichtenden Verse zu einem nahezu unerschöpflichen Reservoir an Worten, Stilmitteln und Ausdrücken für die gesamte nachfolgende Literatur, ganz gleich, in welcher Stadt oder in welchem Dialekt sie entstand. »Anfangs haben alle von Homer gelernt«, ἐξ ἀρχῆς καθ᾽Ὅμηρον, ἐπεὶ μεμαθήκασι πάντες, sagt Xenophanes von Kolophon (Fr. 10 D–K).

Illias und *Odyssee* waren jedoch weit mehr als eine dichterische Erzählung über den Trojanischen Krieg und die Heimkehr des Odysseus nach Ithaka. Sie waren eine echte Enzyklopädie des Griechentums. Aus den von Sängern vorgetragenen Hexametern über die Heldentaten ihrer mythischen Vorfahren konnten die Menschen gemeinschaftlich lernen, was sie selbst zu wahren Griechen machte. Tatsächlich ist in die Handlung der homerischen Epen sehr viel Fachwissen über das Griechentum eingeflochten, von einem Schiffskatalog über Bestattungsriten, Götterkulte, Speisevorschriften, die Art, Wein zu trinken, die Pflichten der Gastfreundschaft, Kochrezepte und Heilmittel bis hin zu astronomischen Angaben.

Laut Xenophanes hat also jeder Grieche durch die in *Illias* und *Odyssee* beschriebenen Sitten und Gebräuche gelernt, ein *Grieche* zu sein und sich von denjenigen zu unterscheiden, die es nicht waren. Mit anderen Worten: Diese beiden Werke sind so etwas wie eine praktische Anleitung für das Griechischsein und das Griechentum insgesamt.

Heute geht man davon aus, dass etwa um 2000 v. Chr. indogermanische Bevölkerungsgruppen in Griechenland eintrafen, aus denen sich im Verlauf des 2. Jahrtausends die mykenische Kultur entwickelte. Im Jahr 1953 gelang es dem jungen Engländer Michael Ventris, beschriftete Tontafeln zu entziffern, die in den Palästen von Knossos auf Kreta und in anderen Machtzentren wie Pylos oder Mykene gefunden worden waren. Nur durch Zufall hatten sie die zerstörerischen Brände überlebt, die das Ende der mykenischen Kultur und Gesellschaft besiegelt hatten. Die Tafeln enthalten überwiegend Verwaltungslisten aus der Zeit zwischen 1450 und 1110 v. Chr. Ihre Sprache ist der mykenische Dialekt, auch Linear B genannt, um ihn vom ähnlichen, aber noch nicht entschlüsselten Linear A zu unterscheiden. Die Entzifferung der aus gut 88 Zeichen bestehenden mykenischen Silbenschrift ermöglichte es, die grammatikalischen und lexikalischen Grundzüge dieses ältesten bekannten griechischen Dialekts zu rekonstruieren.

Zu Beginn der sogenannten Dunklen Jahrhunderte (12.–8. Jahrhundert v. Chr.) kam es in der griechischen Geschichte zu im Detail nur schwer nachvollziehbaren Migrationsbewegungen. Es ist eine Epoche, über die es zahlreiche trostlose Legenden gibt, in denen von Naturkatastrophen wie Erdbeben und Tsunamis die Rede ist, die den Untergang ganzer Inseln und Völkerschaften bewirkt haben sollen. Für eine gewisse Zeit verschwand sogar die Schrift. Als sie im 8. Jahrhundert v. Chr. in Form einer Alphabetschrift wiederauflebte, hatten die Migrationseffekte bereits für neue sprachliche und kulturelle, nunmehr ganz und gar griechische Rahmenbedingungen gesorgt.

Das klassische Altgriechisch lässt sich in fünf Dialektgruppen untergliedern: das Dorische, das Äolische, das Attisch-Ionische, das Arkadisch-Kyprische und die nordwestlichen Dialekte. Diese Vielfalt des Griechischen spiegelt die Vielzahl der Volksgruppen wider, die das Griechentum erschaffen haben. Und das Wesen dieses Griechentums lebt in den Epen, Gedichten und genealogischen Sagen, die zugleich sein Gedächtnis sind.

Die Dorer kamen aus dem Nordwesten und besetzten den Osten und Süden der Peloponnes, während die Äoler Thessalien, Böotien und die Insel Lesbos vereinnahmten und die Ionier sich von Attika aus über die Kykladen bis hinüber an die kleinasiatische Westküste ausbreiteten. Etwas komplexer ist die Rekonstruktion der beiden übrigen Dialekte. Das Arkadisch-Kyprische verbindet sprachlich zwei geografisch weit auseinanderliegende Gebiete, nämlich Arkadien mitten auf der Peloponnes und die im südöstlichen Mittelmeer, nicht weit vor der türkischen Südküste gelegene Insel Zypern. Die nordwestlichen Dialekte, die in Ätolien, Epirus und Elis im Westen der Peloponnes gesprochen wurden, zeichnen sich durch große Übereinstimmungen mit dem Dorischen aus.

Zu diesem schon recht breiten Spektrum kommen noch die verschiedenen Schriftsprachen, also die jedem literarischen Genre eigenen Varianten, hinzu. Sie waren unabhängig von der Herkunft des Autors, der sich ihrer in vollkommener künstlerischer Ausdrucksfreiheit bediente. So ist das Ionische der

Dialekt der homerischen Epen, der Poesie und zusammen mit dem Äolischen auch der Lyrik. Im kleinasiatischen Ionisch machten auch die Geschichtsschreibung mit Hekataios von Milet und Herodot, die Philosophie mit Heraklit und die Medizin mit Hippokrates ihre ersten Schritte. Es war jedoch das Attische, die Sprache Athens, der πόλις schlechthin, das sich in klassischer Zeit zur universellen Sprache von Prosa, Philosophie und Theater entwickelte.

All diese Varianten wurden gleichzeitig gesprochen, bis sie sich nach der erzwungenen *politischen* Vereinigung Griechenlands durch Alexander den Großen miteinander vermischten und in der κοινή aufgingen. Dennoch gab es auch zuvor nicht einen Moment in der Geschichte des Griechischen, in dem zwei Griechen nicht in der Lage gewesen wären, miteinander zu kommunizieren.

Welches Griechisch wurde also verwendet, um mit jemandem zu sprechen, der nicht auf derselben kleinen Insel oder in derselben Polis lebte? Welches war die *Lingua franca,* die im politisch und geografisch so sehr zersplitterten Griechenland gesprochen wurde? Und schließlich die wichtigste Frage von allen: Welches Altgriechisch lernen *wir* eigentlich?

Die Unterschiede zwischen den Dialekten – etwa der auf Lesbos oder in Sparta gesprochenen Mundart – konnten zwar beträchtlich sein, gingen jedoch niemals so weit, dass sie eine Kommunikation und das gegenseitige Verständnis der Sprechenden verhindert hätten. Denn alle griechischen Dialekte hatten die Grundzüge des Urgriechischen bewahrt, von dem sie abstammten.

Die mundartlichen Abweichungen waren in erster Linie vokalischer und weniger grammatikalischer oder lexikalischer Natur. Am nächsten kommt man dem Verhältnis der griechischen Dialekte untereinander wohl dann, wenn man sie mit der sprachlichen Bandbreite innerhalb einer Region vergleicht, etwa mit den verschiedenen bayerischen Dialekten, von Oberfränkisch über Niederbayerisch bis hin zu Allgäuerisch.

Es ist eine Besonderheit des antiken Griechenlands, dass hier niemals eine allgemeingültige Hochsprache existierte – weder auf bürokratischem noch auf literarischem oder religiösem Gebiet. Die sprachliche Freiheit und das gleichzeitige gegenseitige Verständnis findet man in keiner anderen Sprache. Das Altgriechische ist demnach stets eine im wahrsten Sinne des Wortes *demokratische* Sprache gewesen. Das Griechische war den Sprechenden und ihrer Weltsicht anvertraut, und sie konnten es nach Gutdünken gebrauchen.

Aber welche Variante war nun die *Lingua franca* der Verständigung, die Sprache der Politik, der Philosophie, der Tragödie und der Komödie, der Wissenschaft und der Medizin? Die Sprache an der Wurzel des Griechentums war das Attische, die Sprache Athens.

Der Redner Isokrates lässt keinen Zweifel daran, dass Athen mit seiner Kultur das *Attische* zum Synonym für das *Griechische* gemacht hat – die *attischen* Bräuche, die *attischen* Wissenschaften, die *attischen* Götterkulte und die militärischen Bündnisse Athens.

Τοσοῦτον δ' ἀπολέλοιπεν ἡ πόλις ἡμῶν περὶ τὸ φρονεῖν καὶ λέγειν τοὺς ἄλλους ἀνθρώπους, ὥσθ' οἱ ταύτης μαθηταὶ τῶν ἄλλων διδάσκαλοι γεγόνασι, καὶ τὸ τῶν Ἑλλήνων ὄνομα πεποίηκε μηκέτι τοῦ γένους ἀλλὰ τῆς διανοίας δοκεῖν εἶναι, καὶ μᾶλλον Ἕλληνας καλεῖσθαι τοὺς τῆς παιδεύσεως τῆς ἡμετέρας ἢ τοὺς τῆς κοινῆς φύσεως μετέχοντας.

Unsere Stadt (Athen) hat alle anderen Menschen im Hinblick auf das Denken und das Reden so weit übertroffen, dass ihre Schüler zu den Lehrern der anderen geworden sind. Außerdem hat sie bewirkt, dass der Name der Griechen nicht mehr die Bezeichnung des Stammes, sondern des Geistes zu sein scheint und dass mehr diejenigen Griechen genannt werden, die unsere Bildung teilen, als jene, die mit uns gleicher Abstammung sind.[17]

Dass die Sprache Athens im Verlauf des 5. Jahrhunderts v. Chr. den Status einer κοινή erreichte und Attisch zu sprechen gleichbedeutend mit dem Griechischsein wurde, hatte keine politischen Gründe. Andernfalls hätte sich ebenso gut der Dialekt Spartas durchsetzen können, das letztlich siegreich aus dem

Peloponnesischen Krieg hervorging, Athen jedoch kulturell nichts entgegenzusetzen hatte.

In Athen erklomm die griechische Kultur ihren Gipfel und schwang sich in bis dahin von der Menschheit unerreichte Höhen auf. Dort erlangten Architektur und bildende Kunst nach Jahrhunderten des Studiums ihre Perfektion, fand das Theater seine definitive Form, erblühten Philosophie und Rhetorik. Kurz gesagt, in Athen lebte man tagtäglich die Essenz des griechischen Wesens. Dort atmete – und sprach – man das Griechentum. Deshalb verbreitete sich die Sprache Athens ganz ohne politischen Zwang überall im Land, denn es war nicht nur die Sprache *einer* Polis, sondern Griechenlands insgesamt.

Und schließlich die Antwort auf die Frage, die uns direkt betrifft: Ja, am Gymnasium lernt man fast ausschließlich das attische Griechisch. Der Grund dafür ist, dass sich das Attisch-Ionische mehr als jeder andere Dialekt über die Jahrhunderte erhalten hat, denn er wurde von Autoren wie Aischylos, Sophokles, Aristophanes, Thukydides, Platon und Isokrates genutzt, und sogar die κοινή Alexanders des Großen gründet just auf dem grenzenlosen Ansehen der athenischen Sprache.

Die κοινὴ διάλεκτος oder das Altgriechisch nach dem klassischen Griechisch

Der Ausdruck κοινὴ διάλεκτος bezeichnet jene Sprache, die seit der Epoche Alexanders des Großen in ganz Griechenland gesprochen und überall in der griechischen Welt verstanden wurde.

Über diesen Schritt in der Entwicklung des Altgriechischen ist bis auf einige in Ägypten gefundene Papyri und das ebenfalls in κοινή verfasste Neue Testament nur wenig bekannt. Wie fast immer, wenn es um die ungewöhnliche Geschichte der griechischen Sprache geht, wissen wir jedoch, was diesem Wandel vorausging und was auf ihn folgte. Auf der einen Seite haben wir die Sprache Athens, auf der anderen das Neugriechische. Letzteres hat nichts mehr mit dem alten Ionisch, Dorisch oder Äolisch zu tun, sondern basiert fast ausschließlich auf der κοινὴ. Der Prozess lässt sich wieder einmal nur in mühevoller linguistischer Kleinarbeit rekonstruieren – wobei natürlich gleichzeitig die Veränderungen innerhalb der griechischen Gesellschaft berücksichtigt werden müssen.

Ursprünglich hatte das griechische Leben keinen *globalen* Charakter. Jede πόλις war ein kleiner unabhängiger und freier Staat. Das kontinentale Griechenland war eine agrarisch geprägte, zerklüftete und isolierte Gebirgsregion. Ebenso isoliert waren auch die Kolonien, die in aller Regel auf Inseln oder an der Küste gegründet wurden.

Im Reich Alexanders des Großen verloren die Poleis einen Großteil ihre Freiheit und damit den Sinn ihres Daseins. Die Politik wurde zu einem Vorrecht von Herrschern, deren Höfe sich in weit von Griechenland entfernten Städten befanden. Wirtschaft, Religion, Bürokratie und Handel nahmen weit über die einzelne Polis hinausreichende, für einen *griechischen* Menschen unverhältnismäßige Ausmaße an. Auf einen Schlag wurde nun alles international beziehungsweise *global,* natürlich innerhalb der Grenzen der damals bekannten Welt.

In der klassischen Epoche fand jeder Mensch den Sinn seines Daseins als Grieche innerhalb der Mauern seiner Polis, nämlich in den religiösen Praktiken, der Kultur und den Traditionen. Die Dimension menschlichen Lebens beschränkte sich auf das Bürgersein. Während des Hellenismus bewahrten die Poleis ihre Kulte und Traditionen, doch sie hatten oft nur noch den Rang von Festen oder Unterhaltungsveranstaltungen. Man kam in Kontakt mit anderen Religionen, Götter wurden ausgetauscht und in einem zuvor undenkbaren Synkretismus miteinander verbunden. Aus Polisbürgern waren die *Untertanen* eines riesigen Reiches geworden.

Die Griechen waren also gezwungen, sich für ihre Geschäfte auf Reisen zu begeben – nicht nur in andere Poleis, sondern über Griechenland hinaus. Die Soldaten dienten nicht mehr ihrer Heimatpolis, sondern waren Söldner. Die Wissenschaftler und Philosophen dagegen teilten ihre Ideen und Erkenntnisse nicht mehr mit der gesamten griechischen Welt, sondern debattierten nur noch innerhalb ihrer jeweiligen, kulturell von den übrigen isolierten Schule oder Bibliothek. Das Leben der griechischen Menschen und ihre Weltsicht waren damit praktisch auf den Kopf gestellt.

Es war Philipp von Makedonien, der Vater Alexanders des Großen, der den griechischen Poleis in der Schlacht von Chaironeia im Jahr 338 v. Chr. die Unabhängigkeit nahm. In *politischer* Hinsicht existierte Griechenland von da an nicht mehr, und es sollte über zweitausend Jahre dauern, bis es die Unabhängigkeit wiedererlangte.

Als Alexander der Große 323 v. Chr. starb, nachdem er Kleinasien, den Iran, Babylonien und Ägypten erobert und die Grenzen seines Reiches bis nach Indien ausgedehnt hatte, sahen Athen und die anderen Städte des griechischen Mutterlands sich unvermittelt an den Rand gedrängt. Alles, was ihnen blieb, war die Erinnerung an vergangene glorreiche Zeiten. Andere Kultur- und Machtzentren mit neuer intellektueller Kraft entstanden, häufig weit von den Küsten des Mittelmeers entfernt, das die Geburtsstätte des Griechentums gewesen war. Politiker, Künstler und Wissenschaftler wirkten in Pergamon, Alexandria oder Antiochia. Doch obwohl die alten Poleis an der Peripherie des Riesenreichs lagen, war es ihre, die *hellenische* Kultur, die sich in dieser neuen, verkehrten Welt ausbreitete.

Im 5. Jahrhundert v. Chr. war das Ansehen Griechenlands so hoch, dass die makedonischen, von den Griechen als βάρβαροι, »Barbaren«, angesehenen Herrscher alles taten, um sich zu *hellenisieren* – ja zu *attisieren,* galt die athenische doch als die Kultur schlechthin. Schon Alexander I. (etwa 498/87–454 v. Chr.), wegen seiner Liebe für alles Griechische auch »der Philhellene« (Griechenfreund) genannt, nahm für sich in Anspruch, von Herakles abzustammen. Er wurde bei den Olympischen Spielen zugelassen und erhielt in Delphi sogar eine Statue. Der Dichter Euripides und der Maler Zeuxis verbrachten einige Zeit am Hof von König Archelaos I., der Makedonien von 413–399 v. Chr. regierte. Der makedonische Adel trug griechische Namen, und Philipp sprach und schrieb ein perfektes *Attisch*. Und der Erzieher Alexanders des Großen war kein Geringerer als der Philosoph Aristoteles.

So verwundert es nicht, dass sich keine einzige Zeile auf Makedonisch erhalten hat und man nichts über diese Sprache weiß, denn am makedonischen Hof wurde schon seit Langem das klassische Griechisch gesprochen. Als Makedonien im 4. Jahrhundert v. Chr. Griechenland eroberte, wurde es selbst also bereits seit über einhundert Jahren von der griechischen Kultur beherrscht.

Die κοινή, die *Gemeinschaftssprache* des Hellenismus, entwickelte sich also in erster Linie aus der Sprache Athens, jenem ionisch-attischen Dialekt, der auf seine Weise schon so etwas wie eine Gemeinschaftssprache der griechischen Kultur gewesen war. Aber eine Sprache, die als Ausdrucksmittel der kleinen attischen Gesellschaft innerhalb der Mauern Athens entstanden war, konnte ihre Verbreitung über ein von Ägypten bis nach Indien reichendes Gebiet naturgemäß nicht unbeschadet überstehen.

Die κοινή ist eine Reichssprache und als solche das Ergebnis von Kriegen und Unterwerfungen. Dennoch war sie bei den Angehörigen der unterschiedlichsten Völker, bei Ägyptern, Persern, Griechen, Syrern, Makedonen, Arabern und Iranern über Jahrhunderte die *Lingua franca,* um miteinander zu kommunizieren, sei es beim Abschluss von Geschäften oder im Umgang mit den Institutionen. Wobei sie niemals ihre eigenen Idiome aufgaben, die Ausdruck ihrer eigenen Kultur und Lebensweise waren.

Als Sprache der Macht wirkt die κοινή einerseits lokalen Autonomiebestrebungen entgegen, ist andererseits aber auch ein Instrument der Kultur, der Wissenschaft und der literarischen Überlieferung. Es ist die Sprache, in der wir heute die Werke von Polybios, Plutarch und die griechischen Ausgaben der Bibel lesen.

Aber welche Kultur konnte der Hellenismus erschaffen? Eine so generalistische Sprache wie die κοινή verliert beinahe zwangsläufig ihren poetischen Wert. In hellenistischer Zeit, als die κοινή längst nicht mehr über die unvergleichlichen Ausdrucksmöglichkeiten des klassischen Altgriechisch verfügte, verkam die Dichtkunst mehr und mehr zu einem Abklatsch früherer Zeiten. Im Bedürfnis, die Erinnerung daran zu bewahren, verfasste man zwar weiterhin Verse in der Sprache Homers und Hesiods, doch die tieferen Bedeutungsebenen der Sprache wurden längst nicht mehr erfasst. Bestens geeignet war die κοινή hingegen für die Wissenschaft und die Philosophie. Es war diese Epoche, in der eingängige Begriffe für abstrakte Konzepte geprägt und einfache Worte gefunden wurden, um schwierige Ideen auszudrücken.

Die Gemeinschaftssprache des Hellenismus hat auch einen bedeutenden Einfluss auf fast alle modernen europäischen Sprachen ausgeübt, die allesamt griechische Ausdrücke verwenden, um abstrakte Konzepte zu beschreiben. Moderne Wörter hellenistischen Ursprungs wie Telefon oder Mikrofon verdeutlichen, wie sehr sich die κοινή und ihr *globaler* Geist bis in die heutige Zeit auswirken.

Und schließlich entstand in dieser Epoche das Christentum, eine neue Religion, die sich der κοινή bediente, um ihre Botschaft unter den Völkern zu verbreiten. Als sich das Christentum über Rom und das Römische Reich hinaus ausbreitete, trug es das ganze Erbe der griechischen Sprache in sich. Fast alle neuen Wörter der christlichen Religion – sei es im Lateinischen, Koptischen oder Armenischen – sind Entlehnungen aus dem hellenistischen Griechisch.

Eine Sprache wie die κοινή, die nicht mehr zu einer bestimmten Region oder einem bestimmten Volk gehört, sondern von so vielen Fremden und *Ausländern* gesprochen wird, verliert unwiederbringlich die Weltsicht, aus der heraus sie entstanden ist. Der allmähliche Wandel der Gesellschaft veränderte in einem unaufhaltsamen Prozess von Banalisierung, Bedeutungsverlust und Vergessen auch das Ionisch-Attische. Die typischen, aus dem Indogermanischen übernommenen Merkmale des klassischen Altgriechisch waren zu außergewöhnlich, um überleben zu können. In hellenistischer Zeit war eine einfache, *gewöhnliche* und regelmäßige Sprache gefragt, die überall und von allen verstanden wurde.

Unter dem imperialen Druck der hellenistischen Zeit vollzogen sich die sprachlichen Veränderungen – um nicht von Verirrungen, Versäumnissen oder Torheiten zu sprechen – sehr rasch. Der ursprüngliche Rhythmus des Altgriechischen ging verloren. Aus dem quantitativen Akzent wurde ein qualitativer, wie man ihn aus dem Neugriechischen kennt. Die *nicht griechischen* Völker, die sich täglich der κοινή bedienten, konnten die langen nicht von den kurzen Vokalen unterscheiden, was aus den zahllosen Schreibfehlern in den Papyri hervorgeht, die vor Verwechselungen von η/ε und ο/ω nur so strotzen. Auch der Dual, der zuvor schon aus vielen anderen indogermanischen Sprachen verschwunden war, wurde ein Opfer dieses Prozesses. Dasselbe Schicksal ereilte den Wunschmodus Optativ, der als überflüssig angesehen wurde und im Konjunktiv aufging. Jede Unregelmäßigkeit des Verbal- und

Nominalsystems – bis dahin ein Zeichen der *Originalität* – fiel weg und wurde angeglichen, weil jede Abweichung von der Norm als unverständlich galt.

Von der Schnelllebigkeit des *Wann* getrieben, verlor man in dieser hektischen und komplizierten Epoche außerdem das *Wie* der Dinge aus den Augen. Sobald sich die grammatikalische Kategorie des Tempus durchgesetzt hatte, erlosch der Verbalaspekt wie eine Kerzenflamme im Wind.

In der Epoche der κοινή war das Altgriechische fraglos noch eine *lebende* Sprache, die überall von Zigtausenden, wenn nicht von Millionen gesprochen wurde. Dennoch hatte es bereits viel von seiner ursprünglichen Kraft und Tiefe verloren. Denkt man mit der gebotenen Sorgfalt über die Bedeutung der Sprache nach, muss man sich Folgendes fragen: Was war damals, im 2. Jahrhundert v. Chr., vom Altgriechischen, der Sprache von Platon, Sophokles, Euripides und Homer, der Sprache, die wir heute in der Schule lernen, noch übrig? Was also unterscheidet eine *lebende* von einer *toten* Sprache? Und wenn schon die Griechen selbst vor zweitausend Jahren das *Alt*griechische nicht mehr wirklich verstanden, wie solle es uns dann heute gelingen?

Während des Schreibens ist mir klar geworden, dass sich die Kluft zwischen den Griechen und uns genau dort, im Hellenismus und in der κοινή, aufgetan hat und nicht etwa erst in den Klassenzimmern der altsprachlichen Gymnasien. Was in dieser Phase der Geschichte des Altgriechischen vergessen wurde, ist genau das, woran ich in diesem Buch zu erinnern versuche. Vielleicht ist das *Alt*griechische in dem Moment *gestorben,* als die Griechen selbst aufhörten, wie *alte* Griechen zu denken. Oder vielleicht hat das Sterben damals auch nur angefangen. Obwohl das griechische Verb θνήσκω, »sterben«, bekanntlich nur über den Präsensstamm verfügt, weil man *entweder am Leben ist oder eben nicht*.

Sicher ist, dass eine Sprache, die zur Sprache aller wird, *niemandes* Sprache mehr ist.

Das neue Griechisch oder vielmehr das alte

Ungeachtet seiner langen Existenz, hatte das Römische Reich nur geringe Auswirkungen auf das im Mittelmeerraum gesprochene Griechisch. Die Griechen und die anderen griechisch sprechenden Völker waren viel zu stolz auf ihre kulturelle Überlegenheit, um das Lateinische zu übernehmen. Im Übrigen hatte das Griechische auch für die Römer einen so hohen Prestigewert, dass viele von ihnen es während langer Athenaufenthalte erlernten. Ja, in gewisser Weise hat das Lateinische niemals aufgehört, das Griechische zu beneiden.

Rom zwang seine Sprache nur solchen Regionen auf, die eine gewisse Bereitschaft zum kulturellen Wandel zeigten, so wie Gallien, Dakien, Spanien und Nordafrika. In Griechenland, wo die Römer sich stets als Schüler und Lehrlinge fühlten, geschah das jedoch nicht. Zumal die Griechen zu keinem Zeitpunkt auch nur im Entferntesten daran dachten, ihre eigene Kultur, geschweige denn ihre Sprache aufzugeben. Das Griechische verschwand allerdings aus Sizilien und dem übrigen *Großgriechenland,* wo es ohnehin nur die Küstengebiete durchdrungen und niemals die gesellschaftliche Kraft einer κοινή besessen hatte.

Jede Sprache neigt zu Entlehnungen aus fremden Sprachen, wenn sie mit diesen in Kontakt gerät – man denke nur an die vielen englischen Wörter, die zum Bestandteil unseres eigenen Vokabulars geworden sind. Kaum eine andere Sprache hat sich der Übernahme fremder Wörter jedoch so hartnäckig widersetzt wie das Griechische. Zu Entlehnungen kam es nur, wenn sie typisch römische, der griechischen Vorstellungswelt vollkommen fremde Dinge oder Konzepte bezeichneten wie κεντυρία, »die Zenturie«, oder ταβέλλα, »der administrative Akt; der römische Beamte«.

Dennoch verlor das Griechische mit der Verbreitung des Christentums seine sprachliche Vorherrschaft. Als die neue Religion innerhalb des Römischen Reiches zunehmend toleriert und schließlich sogar zur Staatsreligion erhoben wurde, wurde das Latein zur offiziellen Sprache der Westkirche. Im Osten hingegen, wo die κοινή bis dahin das Verständigungsmedium gewesen war, begannen die Völker damit, die Religion nach und nach in ihren eigenen Sprachen zu praktizieren, die wie das Gotische, Slawische, Armenische oder Koptische zugleich Ausdruck einer eigenen Kultur waren.

Während das Lateinische also im Westen auf der Reise Richtung Mittelalter die Sprache von Kultur und Religion wurde, blieb das Griechische auf sein eigenes, immer kleiner werdendes Territorium beschränkt. In dieser Situation beschritt es ein weiteres Mal seinen einsamen und im Vergleich zu allen anderen Sprachen einzigartigen Weg, der über das byzantinische Griechisch bis hin zum Neugriechischen führte.

Während der römischen Herrschaft reagierten die griechischen Denker auf den Niedergang der eigenen Gegenwart, indem sie gezwungenermaßen in die Vergangenheit zurückkehrten – eine Lösung, zu der man auch nach dem Unabhängigkeitskrieg (1821–1832) kam, als Griechenland endlich die politische Autonomie erlangte, auf die es zweitausend Jahre hatte warten müssen.

Schon mit dem Attizismus des 2. Jahrhunderts v. Chr. zeichnete sich eine Tendenz ab, die für die weitere – beziehungsweise die fehlende – Entwicklung des Griechischen kennzeichnend sein wird. Um dem schleichenden Identitätsverlust entgegenzuwirken, wendete man sich von der gängigen *vulgären* – also lebendigen – Nutzung der Sprache ab und ersetzte sie durch die alten, inzwischen verschwundenen – also toten – Formen, die man als die eigentlichen Bedeutungsträger des Griechentums ansah.

Obwohl vieles bereits unwiederbringlich verloren war, taten die griechischen Gelehrten alles, um ihre glorreiche Vergangenheit wiederaufleben zu lassen. Deshalb finden wir aus dieser Zeit Texte mit eingestreuten Dualen oder nutzlosen syntaktischen und lexikalischen Ausschmückungen. Es kommen auch unregelmäßige, schon zu Perikles' Zeiten aufgegebene Verbformen oder aufs Geratewohl angewendete lange und kurze Vokale vor. Offenbar wussten die Griechen nicht so recht, wie sie auf die gesellschaftlichen Veränderungen reagieren sollten. Sie isolierten sich politisch und vor allem kulturell, denn die einzige ihnen verbliebene Identität war ihre gemeinsame Vergangenheit.

Dieses Gemisch aus Ratlosigkeit und Nostalgie, das die griechische Geschichte bis heute prägt, ist für die *puristischen* Tendenzen auf sprachlichem Gebiet verantwortlich. Damit meine ich das letztlich vergebliche Bemühen, die Entwicklung der Sprache aufzuhalten, damit diese sich nicht noch weiter von ihrer ruhmreichen Vergangenheit entfernte.

In byzantinischer Zeit hatte sich mittlerweile eine einheitliche Schriftsprache etabliert, die sich jedoch stetig von der gesprochenen, sich kontinuierlich weiterentwickelnden Sprache entfernte. Es ist unmöglich, gesellschaftliche und sprachliche Veränderungen aufzuhalten, man kann nur versuchen, sie zu ignorieren. Und genau das hat die griechische Gesellschaft für mehr als ein Jahrtausend getan. Das inzwischen *byzantinische* Griechisch wurde an den Schulen gelehrt, in Büchern und Dokumenten verwendet und von den Gebildeten in einem intellektuellen Umfeld gesprochen.

Die lokalen Sprechweisen hingegen wurden allmählich verdrängt und überlebten nur weit entfernt von den Städten in einigen ländlichen Gebieten. Viele der heute in Griechenland existierenden dialektalen Unterschiede gehen auf diese Epoche zurück.

Als die Türken ihr Herrschaftsgebiet im Verlauf des 15. Jahrhunderts immer weiter ausdehnten, blieb Byzanz das einzige Zentrum griechischer Kultur. Dort war die Kirche zum Wächter der alten κοινή und damit der Sprache geworden, in der die Christenheit schrieb und las. Aber das Oströmische Reich schrumpfte unter den ständigen Angriffen der Invasoren immer weiter zusammen.

Die Griechen konnten nichts anderes tun, als sich an das Meer, jenes θάλαττα zu schmiegen, das sie an ihre in Trümmern liegende Kultur erinnerte – ebenso wie ihre alte Sprache, um deren Erhalt sie sich verzweifelt bemühten, anstatt ihrer Entwicklung freien Lauf zu lassen.

Das Bewusstsein für die griechische Kultur und Identität litt sehr unter dem Niedergang des Byzantinischen Reiches und der anschließenden türkischen Herrschaft. Die Bezeichnung »Hellenen« für die Angehörigen des griechischen Volkes etwa wurde immer weniger gebräuchlich. Da sie Teil des Römischen Reiches waren, nannten die byzantinischen Griechen sich stattdessen Ῥωμαῖοι, »Römer«.

Als sich Griechenland zu Beginn des 19. Jahrhunderts angesichts der bröckelnden türkischen Vorherrschaft seiner eigenen Identität wieder bewusst wurde, war die Situation in sprachlicher Hinsicht recht verfahren. Einerseits gab es die traditionelle, auf der κοινή basierende Schriftsprache, die sich andererseits inzwischen so weit von der gesprochenen Alltagssprache entfernt hatte, dass das Volk sie nicht einmal mehr verstand. Zugleich existierte keine vorherrschende politische, kulturelle oder soziale Identität, die in der Lage gewesen wäre, die eigene Sprache als Ausdrucksform der neuen griechischen Gesellschaft durchzusetzen. Einzig die Kirche war durch die Bewahrung der κοινή über die Jahrhunderte so etwas wie ein Hort des Griechentums geblieben. Und so war es ihre Aufgabe, dem wiedergeborenen Hellenentum eine gemeinsame Sprache zu geben.

Am Ende des Unabhängigkeitskrieges schien die einzige Möglichkeit, um zu einer gemeinsamen Weltsicht zu gelangen, darin zu bestehen, einen Schritt zurückzugehen. Es war ein über zweitausend Jahre langer Schritt, denn das neu entstandene moderne Griechenland fand seine Identität in den gemeinsamen Wurzeln, die im perikleischen Athen des 5. Jahrhunderts v. Chr. lagen. Tatsächlich war es nämlich die von der hellenistischen κοινή abstammende und damit letztlich auf den ionisch-attischen Dialekt zurückgehende Schriftsprache, die dem Land eine einheitliche, mit dem wiedererlangten Nationalgefühl einhergehende Sprache gab.

Bei der Aussprache des Neugriechischen orientierte man sich an den Gemeinsamkeiten der Mehrheit, während lokale Eigenarten eliminiert wurden. Vokalbestand und Schrift übernahm man vollständig von der κοινή. Die Lautlehre des Neugriechischen ist noch weitgehend mit jener der hellenistischen Zeit identisch – nur einige Konsonanten werden etwas anders ausgesprochen. Und auch wenn sie seit Jahrtausenden verschwundene Kategorien wie den Aspekt, den Dual, den Optativ oder den Dativ nicht ins Leben zurückholen konnte, ist die Grammatik des *Neu*griechischen dennoch in vielerlei Hinsicht *alt*griechisch geblieben. So hat sich die Unterscheidung zwischen Präsens und Aorist mit all ihren semantischen Funktionen erhalten, und die Alltagssprache verfügt noch immer über Nominativ, Akkusativ, Genitiv und Vokativ (obwohl Nominativ und Vokativ oft ineinander übergehen und der Genitiv Plural nur selten gebraucht wird).

Überraschend sind zwei sprachliche Neuerungen des Neugriechischen. Die erste ist der Verlust des Infinitivs – ein Merkmal, das sich auch in den balkanischen Sprachen wiederfindet. Neu ist auch die Bildung des Futurs mithilfe eines vom Verb »wollen« (θέλω) abgeleiteten Partikels (θα). »Ich werde urteilen« heißt auf Neugriechisch θα κρίνω, also eigentlich »ich will urteilen«.

Weil ihre Wurzeln bis zum attischen Idiom Athens zurückreichen, wird diese neue Sprache καθαρεύουσα genannt, »die puristische Sprache«. Als sie entstand, wurde sie noch von niemandem gesprochen, aber Schulen, Literatur, Zeitungen, Staat, Verwaltungen und Politik haben es geschafft, ihren alltäglichen Gebrauch durchzusetzen – auch wenn die Anwendung der καθαρεύουσα bisweilen recht seltsame Blüten treibt. So ist es in den Kasernen bis heute üblich, einen Soldaten mit Gewehr als ὅπλον, »Hoplit«, zu bezeichnen, also wie einen typischen Fußkämpfer der griechischen Antike.

Das Neugriechische hat demnach einen Archaisierungsprozess durchgemacht, absolut einmalig in der Sprachgeschichte. Tatsächlich ist das Griechische die einzige europäische Sprache, die sich niemals zu einer anderen entwickelt hat – man denke nur an das Lateinische, aus dem Italienisch, Spanisch, Portugiesisch und Rumänisch geworden sind –, sondern immer *aus sich selbst* heraus auf historische und gesellschaftliche Veränderungen reagierte.

Und doch haben Kunstsprachen, die zugleich auch Sprachen des Widerstandes sind, immer denselben Defekt. Sie werden vom einfachen Volk nicht verstanden, da sie nicht zu seiner Identität passen. Die griechischen Intellektuellen begegneten und begegnen diesem Umstand bis heute mit der Verwendung konkreter, lebendiger Begriffe aus der Volkssprache, die nicht schon seit Jahrtausenden von der Literatur missbraucht wurden.

In den letzten Jahren war Griechenland wie kein anderes europäisches Land gezwungen, sich gewaltigen wirtschaftlichen und politischen Herausforderungen zu stellen, und das alles unter Verwendung einer einzigartigen, aber jahrtausendealten Sprache. Doch heute besteht die wahre, nicht nur sprachliche Herausforderung darin, endlich eine moderne Sprache zu erschaffen, die allen Griechen dienlich ist, um sich innerhalb der eigenen Grenzen und vor allem *außerhalb Griechenlands* verständlich zu machen.

»Jedes Volk, das von den alten Griechen abstammte, wäre automatisch unglücklich. Es sei denn, es gelänge ihm, sie zu vergessen oder zu übertreffen«, schreibt Nikos Dimou voller Bitterkeit in seiner Aphorismensammlung *Über das Unglück, ein Grieche zu sein*.

Tatsächlich spricht man in Griechenland heute ein *modernes* Griechisch, das sich überwiegend *alt*griechischer Elemente bedient, um der Welt gegenüber die Identität des Volkes mit der vielleicht beeindruckendsten kulturellen Vergangenheit überhaupt zu betonen. Es ist ein Volk, dem es im ständigen Kampf um eine Gegenwart nicht gelingen will, sich von seiner Vergangenheit zu befreien, und das gleichzeitig vor ein paar Jahrhunderten die Zukunft mithilfe des Verbs »wollen« neu erfunden hat. Vielleicht – so hoffe ich – im Sinne von »anstreben«.

Bibliografie

*Ich wurde bisweilen geplagt von Vernunftgedanken ...
und vor allem von einer Fremdheit in meinem Geist,
ein Gefühl, als gehörte ich nicht in diese Zeit
noch an diesen Ort.*

WILLIAM WORDSWORTH,
aus *Präludium*

Während ich über das Altgriechische schrieb und meine Eingebungen, Manien, Empfindungen und meine Besessenheit für diese Sprache zu Papier brachte, die ich in über fünfzehn Jahren voller hitziger Debatten und feuriger Begegnungen mit mir selbst hatte, habe ich eine Vielzahl von Handbüchern und akademischen Abhandlungen konsultiert.

Und doch habe ich auch jetzt, nachdem das Buch abgeschlossen ist, keine neuen Antworten gefunden. Die meisten Untersuchungen, in die ich mich vertieft habe, geben nämlich geflissentlich mehr oder weniger dasselbe wieder, was schon seit Jahrhunderten in Bibliotheken und Klassenzimmern gelehrt wird. Mit anderen Worten: Ich habe zwar vieles gefunden, was mein vorhandenes Wissen bestätigte, aber nur wenig, das ich noch nicht wusste.

Vielleicht ist der Grund wirklich die »Fremdheit in meinem Geist«, oder ich habe einen besonderen sechsten Sinn für diese Sprache, denn ich denke heute tatsächlich in Altgriechisch.

Wie es mich meine emeritierte Professorin Mari Grazia Ciani gelehrt hat, übernehme ich die volle Verantwortung für den Inhalt dieses Buches. Etwaige Fehler, Unterlassungen, Missverständnisse oder Fantastereien sind allein mir anzulasten.

Die meisten Texte, die zur Fertigstellung dieses Buches beigetragen haben, handeln jedoch gar nicht vom Griechischen, sondern vom Leben. Mitunter sind es noch nicht einmal Bücher gewesen, sondern Musik, Orte, Bilder oder Menschen.

Aus folgenden Werken habe ich mein Spezialwissen bezogen:

A. Aloni (Hrsg.), *La lingua dei Greci,* Carocci, Rom 2011.

E. Campanile/B. Comrie/C. Watkins, *Introduzione alla lingua e alla cultura degli Indoeuropei,* Il Mulino, Bologna 2010.

P. Chantraine, *Morphologie historique du grec,* Klincksieck, Paris 1947.

N. Dimou, *Über das Unglück, ein Grieche zu sein*, Kunstmann, München ⁴2012.

F. Fanciullo, *Introduzione alla linguistica storica,* Il Mulino, Bologna 2011.

L. Heilmann, *Grammatica storica della lingua greca,* Sei, Turin 1963.

O. Hoffmann/A. Debrunner, *Geschichte der griechischen Sprache*, De Gruyter, Berlin 1953.

Isidoro di Siviglia, *Etimologie o Origini. Testo latino a fronte,* A. Valastro Canale (Hrsg.), Utet, Turin 2014.

W. P. Lehmann, *La linguistica indoeuropea. Storia, problemi e metodi*, Il Mulino, Bologna 1999.

F. Michelazzo, *Nuovi itinerari alla scoperta del greco antico. Le strutture fondamentali della lingua greca: fonetica, morfologia, sintassi, semantica, pragmatica*, Firenze University Press, Florenz 2007.

L. R. Palmer, *The Greek Language*, Faber & Faber, London 1980.

D. Pieraccioni, *Morfologia storica della lingua greca*, D'Anna, Florenz 1975.

R. Pierini/R. Tosi, *Capire il greco*, Patron, Bologna 2014.

V. Pisani, *Storia della lingua greca*, Sei, Turin 1960.

O. Szemerényi, *Introduzione alla linguistica indoeuropea*, G. Boccali/V. Brugnatelli/M. Negri (Hrsg.), Unicopli, Mailand 1985.

F. Villar, *Gli indoeuropei e le origini dell'Europa: lingua e storia*, Il Mulino, Bologna 1997.

V. Woolf, »Von der Unkenntnis des Griechischen«, in: V. Woolf, *Der gewöhnliche Leser*, Fischer, Frankfurt 1997, 33–51.

Eines noch zum Schluss: Ich weiß, dass viele Frauen ohne ihren Lippenstift nirgendwo hingehen. Ich dagegen benutze keinen und trage stattdessen seit über zehn Jahren ein Exemplar des unübertroffenen *Aperçu d'une histoire de la langue grecque* von Antoine Meillet (Hachet, Paris 1913) mit mir herum. Für mich ist dieses Werk eine Quelle von Inspiration und Freiheit, die der Anfang und der Sinn von allem sind.

Dank

> *Well you've done it again, Virginia*
> *made another masterpiece while I was dreaming.*
> *How does it feel to feel like you?*
> *Brilliant sugar brilliant sugar brilliant sugar turn over.*

THE NATIONAL,
aus *You've Done It Again, Virginia*

Dieses Buch ist zwar das Produkt meiner Merkwürdigkeit, wäre ohne die Liebe einiger Menschen aber nicht möglich gewesen.

Mein erster und zugleich größter Dank gilt meiner Professorin und Freundin Maria Grazia Ciani, die mit ihrer Korrespondenz die Entstehung jeder einzelnen Seite begleitet hat. Meine Dankbarkeit für ihre Zuneigung, Genauigkeit, Freiheit und Freundschaft lässt sich kaum in Worte fassen. Ich verspreche, mir niemals selbst untreu zu werden und weiterhin das Altgriechische zu studieren, um mich selbst zu erkennen.

Dieses Buch wäre niemals ohne eine Begegnung jener Art entstanden, die allem einen Sinn gibt. Danke also an Maria Cristina Olati, die mich aufgespürt, mir mein Talent vor Augen geführt und mir beigestanden hat, als ich nicht an eine Verwirklichung glaubte, und auch, als ich es tat.

Danken möchte ich außerdem einem Freund, der mir jeden Tag zugehört, mich unterstützt, mich so viel gelehrt und mich niemals allein gelassen hat. Ich schulde ihm viel. *Wir sind unter uns,* Alberto Cattaneo, immer.

Ich danke auch meiner besten Freundin Lena Pletinck. Obwohl sie Belgierin ist und kein einziges Wort dieses Buches verstehen wird, werden wir einander doch immer verstehen, in einer Sprache, die ganz allein unsere ist, während wir gemeinsam die Welt bereisen. *Sometimes life is too short and the world is too small, we know.*

Dank schulde ich auch meinem Vater Giuseppe, *Teta* genannt, der mich aufgezogen und mich Würde, Großzügigkeit, Leichtigkeit und die seltene Kunst zu lachen gelehrt hat, auch wenn es im Grunde nichts zu lachen gibt.

Dankbar bin ich überdies meinem mittlerweile legendären Hund Carlo, der mich seit neun Jahren von Stadt zu Stadt begleitet und alles (vor allem mich) erträgt, während er mich mit seinen großen Augen ansieht, als wollte er sagen: *Ich vertraue dir*.

Ich danke Francesca und Anna, Davide und dem perfekten Griechen, der er geworden ist, samt all seiner Wildschweine, sowie meinem Freund Michael, der mich von Kalifornien aus beim Schreiben begleitet hat.

Bei Alessandro D'Avenia möchte ich mich für die Eleganz bedanken, mit der er mir bei diesem Abenteuer zur Seite stand.

J. B. T., Hvala.

Zu Dank verpflichtet bin ich ferner dem Viertel Venezia in Livorno, das immer alles verstanden hat, auch wenn es absolut nichts zu verstehen gab.

Und ich danke Sarajevo, denn hier bin ich glücklich gewesen. Ich werde wiederkommen, und eines Tages wird es für immer sein.

Und schließlich sei auch Fabio Chiusi nicht vergessen, der alle in diesem Buch enthaltenen Gedichte ausgewählt hat. Δυστοπία ist unsere Liebe.

Anmerkungen

[1] Ingeborg Bachmann, *Das dreißigste Jahr*, Piper 2013, 19.
[2] Virginia Woolf, *Der gewöhnliche Leser*, Übersetzung von Hannelore Fladen, Fischer 1997.
[3] Ebd.
[4] Ebd.
[5] Platon, »Timaios«, in: *Sämtliche Werke*, Band 4, Übersetzung von Hieronymus Müller und Friedrich Schleiermacher, Rowohlt 1991.
[6] Virginia Woolf, *Der gewöhnliche Leser*.
[7] Platon, »Symposion« 189 d – 191 d, in: *Sämtliche Werke*, Band 2, Übersetzung von Friedrich Schleiermacher, Rowohlt 2004.
[8] Äsop, »Die Seereisenden«, in: *Fabeln*, Übersetzung von Rainer Nickel, De Gruyter 2005.
[9] Archilochos, Fr. 118–119, in: *Gedichte*, Übersetzung von Rainer Nickel, De Gruyter 2003.
[10] Homer, *Odyssee* 2, 33–34, Übersetzung von Johann Heinrich Voß, DTV 2002.
[11] Homer, *Odyee*, Übersetzung von Wolfgang Schadewaldt, Rowohlt 2008.
[12] Pindar, »2. Nemeische Ode«, in: *Siegeslieder*, Übersetzung von Dieter Bremer, De Gruyter 2011.
[13] Euripides, *Medea* 1–8, Übersetzung von J. A. Hartung, Jazzybee 2015.
[14] Xenophon, *Memorabilia* 2, 1, 28, Übersetzung von Otto Güthling (1883).
[15] Xenophon, *Anabasis* 4, 7, 21–25, Übersetzung von Walter Müri, De Gruyter 2011.
[16] Herodot, *Historien*, 8, 144, 1–2, Übersetzung von Heinz-Günther Nesselrath, Alfred Kröner 2017.
[17] Isokrates, *Panegyrikos* 50, Übersetzung angeglichen an Adolph Heinrich Christian (1835).

Textnachweise

S. 26 »Burnt Norton«, aus: T.S. Eliot, Vier Quartette. Übertragung und Nachwort von Norbert Hummelt. © Suhrkamp Verlag Berlin 2015.

S. 93 Pierluigi Cappello, Azzurro elementare © Bur Rizzoli 2013.

S. 126 »Die abgewrackten Tabus«, aus: Paul Celan, Die Gedichte. Kommentierte Gesamtausgabe in einem Band. Herausgegeben und kommentiert von Barbara Wiedemann. © Suhrkamp Verlag Frankfurt am Main 2003. Alle Rechte bei und vorbehalten durch Suhrkamp Verlag Berlin.

S. 154 Marianne Moore, The Complete Poems of Marianne Moore © Penguin Random House LLC 1994.

S. 214 Guiseppe Conte, Poesie © Oscar Mondadori 2015.

Wir haben uns bemüht, sämtliche Rechteinhaber ausfindig zu machen. Sollte es uns in Einzelfällen nicht gelungen sein, werden wir sie selbstverständlich gerne bei Folgeauflagen berücksichtigen.

Zu diesem Buch

Was auch immer Sie bisher über das Altgriechische gehört haben – es ist in erster Linie eine Sprache. Jede Sprache dient dazu, mit ihren Worten eine Welt zu malen. Nur dank der Sprache sind wir dazu in der Lage, Ideen zu formulieren oder Emotionen eine Stimme zu verleihen.

Allerdings leben wir in einer Zeit, in der Worte außer Gebrauch geraten und durch Emojis oder andere Piktogramme ersetzt werden. Die Sprache wird immer banaler. Es gelingt uns immer weniger, komplexe Dinge mit einfachen, treffenden und ehrlichen Worten auszudrücken.

Aber genau das ist die Stärke des Altgriechischen. Daher kann die Lektüre dieses Buches Ihnen täglich von Nutzen sein. Es hilft Ihnen dabei, zu denken und sich auszudrücken, sei es nun in Bezug auf einen Wunsch, die Liebe, die Einsamkeit oder die Zeit. Mit seiner Hilfe können Sie sich die Welt zurückholen und die Dinge endlich wieder auf Ihre eigene Weise sagen.

Andrea Marcolongo, geboren 1987, hat Alte Sprachen an der Universität Mailand studiert und bereits in zehn verschiedenen Städten gelebt, darunter Paris, Dakar, Sarajevo und Livorno. Sie hat unter anderem als Kommunikationsberaterin und Ghostwriterin für die italienische Regierung gearbeitet, bevor sie sich wieder der Liebe ihres Lebens gewidmet hat: dem Altgriechischen. Dies ist ihr erstes Buch.

Der Stoff, aus dem Tragödien sind

Massimo Pigliucci
Die Weisheit der Stoiker
Ein philosophischer Leitfaden für stürmische Zeiten

Aus dem Englischen von
Frank R. Kiesow
Piper, 288 Seiten
€ 22,00 [D], € 22,70 [A]*
ISBN 978-3-492-05805-6

Neid, Gier, Eifersucht oder Trauer – seit jeher übernehmen negative Emotionen die Kontrolle über die Menschheit. Die Stoiker erkannten bereits 400 vor Christus, welche Kraft ein Leben ohne zerstörerische Gefühle entfalten kann. Nicht Perfektion sollte unser Ziel sein, sondern die Fähigkeit, Wichtiges von Unwichtigem zu unterscheiden. Massimo Pigliucci entdeckt die antike Kunst der Gelassenheit neu, indem er lehrt, wie sich durch Achtsamkeit im Hier und Jetzt die Zukunft positiv gestalten lässt.

Leseproben, E-Books und mehr unter **www.piper.de**